赛珍珠传

郝志刚◎著

时代文艺出版社

图书在版编目（CIP）数据

赛珍珠传 / 郝志刚著. —长春：时代文艺出版社，2012.4（2021.5重印）

ISBN 978-7-5387-3900-8

Ⅰ.①赛… Ⅱ.①郝… Ⅲ.①赛珍珠（1892～1973）–传记 Ⅳ.①K837.125.6

中国版本图书馆CIP数据核字（2015）第2216508号

出 品 人 陈 琛
责任编辑 初昆阳
助理编辑 孙英起
装帧设计 孙 利
排版制作 隋淑凤

赛珍珠传

郝志刚 著

出版发行 / 时代文艺出版社
地址 / 长春市福祉大路5788号 龙腾国际大厦A座15层 邮编 / 130118
总编办 / 0431-81629751 发行部 / 0431-81629755
官方微博 / weibo.com / tlapress 天猫旗舰店 / sdwycbsgf.tmall.com
印刷 / 保定市铭泰达印刷有限公司
开本 / 710mm×1000mm 1 / 16 字数 / 130千字 印张 / 12
版次 / 2012年4月第1版 印次 / 2021年5月第3次印刷 定价 /29.80元

授奖辞

Award-winning Remarks

对于中国农民生活的丰富和真正史诗气概的描述，以及她自传性的杰作。

——诺贝尔奖委员会

目录

序言　被放逐的"大地之女" ／ 001

第一章　异邦来客

　　1．为了"上帝"的婚姻 ／ 002

　　2．漂泊与关爱 ／ 007

　　3．镇江生活 ／ 012

第二章　古文基础和现代文化

　　1．避难！逃难！／ 018

　　2．我回来了，镇江 ／ 022

　　3．系统学习中国文化 ／ 026

　　4．寄宿生活 ／ 030

第三章　从归来到远行

　　1．回到中国的初期生活 ／ 036

　　2．农村生活 ／ 040

　　3．第二故乡南京 ／ 045

　　4．被上帝召回天堂的天使 ／ 049

　　5．文化中心：上海和北京 ／ 053

第四章　跌宕起伏话感情

　　1．建立在理性之上的婚姻：赛珍珠和布克 ／ 058

2. 真正的爱情 / 064

3. 赛珍珠与徐志摩的"情史" / 069

4. 从赏识到决裂 / 075

5. 终生敬重的朋友 / 078

6. 同情？抑或爱情？ / 082

7. 舞蹈教师的虚假爱情 / 091

第五章　写中国题材的诺贝尔文学家

1. 写作，是永不磨灭的梦想 / 096

2. 第一部长篇小说：《东风·西风》 / 103

3. 描写中国农民的《大地》 / 107

4. 走向荣誉的顶点：诺贝尔文学奖 / 112

5. 《水浒传》与《四海之内皆兄弟》 / 114

第六章　晚年的三重身份

1. 慈善大使 / 118

2. 民权保护神 / 123

3. 为妇女维权的斗士 / 126

第七章　望断归乡路，却茫茫

1. 中国走向何方？ / 132

2. 抗日必胜 / 135

3. 中西方文化交流使者 / 139

4. 被放逐的命运 / 147

5. 迟到的褒奖 / 152

附　录

赛珍珠生平 / 158

获奖辞 / 162

获奖时代背景 / 164

赛珍珠年表 / 168

获奖当年世界大事记 / 181

赛珍珠，一个中国人所熟知的美国作家。在中国她度过了自己的前半生，凭借写作中国题材的长篇小说《大地》获得诺贝尔文学奖。在她的后半生，她积极从事东西方文化交流和慈善事业。

她的一生轰轰烈烈，但是，有谁能像她一样，被所热爱的国家、人民猜疑、责难，至死也无法获得原谅？又有谁能够理解她备感孤独的异乡人身份？

在赛珍珠的生活中，爱情、写作、文化使者和慈善事业构成了她生命的主题。

关于爱情，赛珍珠曾在书中说："爱情的故事充满了悲伤心碎，但是真正让人伤心的是失去对爱情的梦想，不管梦想可能是什么。"

赛珍珠是一位感情充沛的文学家，但是她一生的感情生活却颇为不顺。对她来说，爱情就像是一杯鸩酒，即便明知道或许会在爱情里受到伤害，她也禁受不住诱惑，一头扑向火堆。

生在传教士家庭的赛珍珠，看惯了父亲赛兆祥（英文安德鲁）和母亲凯丽之间的"战争"，当结婚年龄来临时，她只想做一个安安分分的妻子，但是造物主却偏偏为难她，她在生育完第一个孩子后，因病切除了子宫，失去了生育能力。

失去做母亲的权利后，赛珍珠变得极其敏感，她迫切地渴求丈夫的安慰和关爱，但是她的丈夫、农学家布克却全然不解风情，赛珍珠只能眼看着娇艳的情感之花渐渐枯萎。

赛珍珠虽然从幼年便在中国生活，但是在美国接受了4年的大学教育和血管中流淌的西方血液，使她并不像普通的中国妇女那样情感保守。在她的内心中，她时常能感觉到情感的饥渴惊涛骇浪般扑来。对赛珍珠来说，虽然表面的生活并未改变，她和丈夫仍然生活在一起，但追逐爱情的心灵已经悄然推开门窗，只为等待合适的时机。

赛珍珠的文学作品，打开了通向另一个世界的门，也把爱情带到了赛珍珠的身边。

由于需要在美国寻找代理商，赛珍珠同出版商理查德结识，并迅速坠入爱河。最终，赛珍珠和理查德不顾社会舆论压力，勇敢地结合在一起。赛珍珠的第二次婚姻开始了。在这段婚姻中，赛珍珠享受了甜美的爱情，并为之深深陶醉。

天有不测风云，人有旦夕祸福。

上天赐予赛珍珠文学的天分，却剥夺她享受爱情的权利。正在赛珍珠和理查德倾心相恋，过着幸福的生活时，理查德因中风卧床，赛珍珠再次成为一只孤独的鸟儿。

理查德中风后，赛珍珠又一次进入了情感空白期，直到遇见青年导演塔德。

赛珍珠和塔德言谈投机、相互信任，他们都把对方看成自己的知己。不过，这段感情最终因为种种原因并未更进一步，当赛珍珠收到塔德的结婚请柬时，她终于知道：这是一段同情多过爱情的感情。

晚年的赛珍珠仍然精力旺盛，当孤独的她结识了舞蹈教师哈瑞斯后，她内心再次泛起波澜。虽然哈瑞斯对赛珍珠利用多过爱情，但她还是像一只扑向火焰的飞蛾，奋不顾身地恋爱了！

世间伤心事，莫过于情字。

作为一个终生寻找"美"的文学家，赛珍珠用一生寻找真正的爱情。她享受过真正的爱情，也为虚假的爱情而陶醉过。得失寸心知，当赛珍珠回首往事，是会为享受过爱情而感到庆幸？还是为枯燥的婚姻感到悲哀？

斯人已逝，只留下后人无尽的遐想……

在赛珍珠的生命中，另一个重要的主题是写作。

最初，赛珍珠写作只是为了缅怀故去的母亲凯丽以及为排遣不幸婚姻带来的郁闷，她想通过文字寻求慰藉。

当赛珍珠投入写作时，她感到前所未有的幸福。在写作中，她逐渐完善着写作技巧，寻找到自己的灵魂。渐渐地，赛珍珠开始离不开写作，她的才华也开始展露，她在写作中找到了前所未有的自信。

在创作中，赛珍珠描述了自己看到的中国农民，尽管有作家批评她看到的只是生活的表面，但这种表面至少是中国还未被关注的表面，也是最真实的表面，因为这些生活都是赛珍珠亲身体验的生活。

　　多年以后，赛珍珠在谈到她的作品时说："我只写我熟悉的生活。"

　　当赛珍珠完成了长篇小说《东风·西风》、《大地》时，她已经"可以算作第一流的小说家了"。

　　就这样，赛珍珠用中国题材写作的小说走进了美国市场，并受到美国读者的欢迎。她一步步走近普利策奖，走近诺贝尔文学奖，并最终成功地获得了这两个奖项。

　　写作，将赛珍珠和中国紧密地联系在一起；写作，给赛珍珠带来了荣誉；写作，让赛珍珠的生命闪烁着异样的光辉。

　　赛珍珠生命中最后一个主题是文化使者和慈善事业。

　　赛珍珠返回美国后，于1941年和丈夫理查德成立了"东西方协会"，主要从事东西方文化交流；同时，她还担任着《亚洲》杂志的主编，帮助美国人了解亚洲文化。在赛珍珠和她领导的杂志的努力下，20世纪40年代，美国政府撤销了排华法案。赛珍珠的名字，再一次成为和平、友爱的象征。

　　在赛珍珠的后半生中，她除了担任东西方文化交流使者，还积极地从事慈善事业。她将自己的大部分财产，约合700万美元捐献出来，投入到儿童福利事业中。她成立了"欢迎之家"和"赛珍珠基金会"，帮助那些身体或者智力上有缺陷的儿童，以及受到种族歧视的孩子。

　　多重身份让赛珍珠的一生始终闪烁着光辉，当她已经远离我们的时候，她的作品却还回响着美妙的声音。

　　这就是赛珍珠！一个真实、传奇、孤独的女人，让我们一步步走近她的世界，了解她不平凡的一生……

第一章 异邦来客

1. 为了"上帝"的婚姻

赛珍珠,一个在中国度过了大半生的美国女子;一个在美国备受诋毁、在中国屡受责难的诺贝尔文学奖获得者。她的"家"在哪里?作为一个美国作家,她为何写作中国题材的小说,并以此获得诺贝尔文学奖?她为何一生备感孤独,为灵魂深处的召唤而痛苦?

问题的答案,就藏在她深具传奇色彩的"被放逐的生活"中⋯⋯

展开赛珍珠生活的卷轴,首先来到我们面前的是对她的一生影响深远的父母——不远千里来到中国传教的一对宗教伉俪:母亲凯丽,父亲赛兆祥。

凯丽是一个普通的美国女人,但曲折、悲惨的生活经历却赋予了她浓重的悲剧色彩。赛珍珠曾以凯丽为原型写作《异邦客》,详尽地描述了凯丽的生活和为人,这本书为她获得诺贝尔文学奖增添了分量。

凯丽祖籍荷兰,是乌德勒支市一位富商的孙女。她的祖父商业嗅觉敏锐,开拓了广阔的商业市场。与此同时,他又是坚定的宗教信徒。正当他的事业处在顶峰的时候,为了追求宗教自由,他毅然放弃了日益兴隆的生意来到宗教环境宽松的新大陆——美国,并定居下来。

凯丽自幼生活在宗教氛围浓厚的家庭中,形成了虔诚的宗教信仰。早在少女时期,她便为灵魂得不到解救而备受心灵煎熬。她时刻寻找上帝的启示，随时准备着将自己的一切奉献给"万能的主"。

在凯丽的一生中，具有转折性的事件是她母亲的病故。在此之前，她的母亲常年缠绵病榻，但是她的宗教信仰并没有因为身体的痛苦而丝毫减弱，她将疾病看成是上帝对她的考验。受到榜样鼓舞的凯丽对母亲许下承诺：做一名传教士，把自己的一生都奉献给上帝。她的母亲临终时用微弱的声音说："嗨，这——全是——真的！"听到母亲弥留之际启示般的语言，凯丽激动得不能自己，将之看成是上帝对她的启示，下决心实践自己对母亲的承诺。

母亲过世后，凯丽一边虔诚地信仰上帝，一边寻找做传教士的机会。几年后，凯丽遇到了她生命中最重要的男人——安德鲁。安德鲁身形颀长，两颊消瘦，厌倦世俗生活，充满对传教生活的敬仰和向往。两人相识后，共同的宗教信仰迅速拉近了双方心灵的距离。每当安德鲁在凯丽面前慷慨激昂地宣讲自己对上帝的信仰时，凯丽便感到他身上散发着无穷魅力，而安德鲁则醉心于凯丽的温柔多情。

当时，安德鲁正为前往中国传教做准备。听到这个消息，凯丽更是心花怒放，因为她终于找到了心灵契合、志同道合的男人，而这个男人也将传教作为他毕生的事业。

很快，凯丽和安德鲁就完成了结婚典礼，并将前往中国传教提上日程。凯丽和安德鲁的婚姻是为了"上帝"的婚姻，满怀憧憬的凯丽并不知道，她的中国生活将充满悲剧色彩。

在这段中国传教生活中，她生育了7个孩子，却因为落后的医疗条件损失了其中4个，这是对她的第一个打击。第二个打击来源于她的"异乡感"。家境优越的凯丽来到中国后，面对经济状况落后、人们思想愚昧的中国，日益思念美好的故乡。但是，当她终于有机会回到故乡的时候，却发现故乡已物是人非。在家乡，她又失去了应有的归属感。

如果说以上两个打击并不致命，那么，不和谐的婚姻对凯丽造成了致命的创伤。长期相处以后，凯丽才明白，安德鲁并没有将其视为灵魂伴侣，他只是要寻找一个自愿和他来中国传教的合伙人而已。对安德鲁来说，传教是他的事情，而凯丽的工作应该是照顾家庭。来到中国的安德鲁将满腔热情都投入到传教事业中，"家"只是他疲劳的时候停泊、休整的地方，凯丽的热情换来的只是安德鲁的冷漠。夫妻二人之间的隔阂不断加大，最终形同陌路。

除了生活的不如意，凯丽的性格更加深了她的悲剧性。她不仅遗传了家族虔诚的宗教信仰，同时也遗传了家族热情、追求自由和美的性格。

凯丽的母系家族来自浪漫的法兰西，她的母亲在少女时代爱上了来家中收债的年轻男子，当恋爱受到家庭反对的时候，她义无反顾地同爱人私奔。凯丽的母亲对她影响深远，其母亲追求自由和美，喜欢唱歌读诗以及良好的艺术修养都被凯丽继承下来。

虔诚的宗教信仰和追求自由、浪漫的性格，在凯丽身上形成了不可调和的矛盾。出身于清教徒家庭的凯丽很早便被告知：只有将生命完全奉献给上帝才是正确的，而追求自由和艺术是对上帝的不敬，是邪恶的。

同安德鲁恋爱之前，凯丽曾经爱上一个同村的男人，他身上散发的狂野的追求自由生活的品质让凯丽着迷，也让她感到恐慌，因为那是对上帝的亵渎。最终，虔诚的信仰战胜了追求爱情的心，凯丽以恋人全家饮酒为由结束了这段感情。

凯丽的一生都生活在这种矛盾之中，只有到了晚年，她才表现出对美好事物的极度渴望。她曾经感叹：如果还有来生的话，一定尽情享受生活。

凯丽和安德鲁新婚不久便来到了中国，美好的憧憬马上被残酷的现实击得粉碎。

美国的故乡小镇风光旖旎，生活富足、悠闲，而眼前的中国混乱、落后；美国的故乡到处是熟悉的声音、人群，而在这里语言不通、面貌相异。从熟悉的美国到陌生的中国，巨大的生活落差造成了凯丽巨大的心理落差。

虽然新生活让凯丽有些惆怅，不过，一旦她适应了新生活便马上展现出善良和乐观的性格，逐渐融入中国人的生活中。多年以后，她也意识到了自己的转变，虽然自己的根还在遥远的大洋彼岸，但是她已经完全同中国融合在一起了，原因是"那些不快乐的、不幸的、受到生活压迫的人们在召唤我"。

在中国度过的岁月，凯丽并没有实践做传教士的诺言。一方面，她承担着教养孩子的重任；另一方面，她感觉到在中国这片土地上，人们不仅有自己的思想和信仰，而且有无穷的苦难，这些苦难引导着他们投入现实生活中，而无法将目光投向遥远的天国。共同的苦难生活使凯丽将自己的目光更多地投向女性，旧中国妇女悲惨的命运深深地牵动着她善良的心，她竭尽所能改变中国妇女的观念——缠足、溺死女婴等等。

总体上讲，赛珍珠的母亲凯丽善良、虔诚地信仰宗教、追求自由和美，虽然生活中充满磨难，却并没有磨灭她的本性，赛珍珠继承了母亲"善"的本性。

1921年，凯丽病故。赛珍珠在撰写的《我的几个世界》中回忆说："当我办完丧事回到南京的新家后，我迫切希望能使母亲复活，于是我开始为她写点东西。我当时想，这是为自己的孩子而写的，他们可能因此对我的母亲有个印象和了解。"在这本书中，她的笔端流露出无尽的哀思，寄托了对充满悲剧色彩的母亲的缅怀。

为了"上帝"的婚姻中的丈夫安德鲁，一直到晚年才得到女儿赛珍珠的谅解。在赛珍珠撰写的安德鲁的传记《战斗的天使》中，他被描述成一个只有灵没有肉的圣徒形象。

安德鲁原名Absalom Sydenstricker，来到中国以后，为了方便传教事业，取中国名字赛兆祥。

安德鲁祖籍德国，生于一个农民家庭，兄弟7人，其中6个做了传教士。安德鲁年幼的时候，无意中听到过一次母亲和邻居的对话，邻居认为在安德鲁7兄弟中，他是最丑的一个，但是他母亲却回答说："无论如何，他是最善良的一个。如果他做牧师的话，保证是顶好的一个。"

这句话深刻地影响了安德鲁的一生，从那时开始，他便将做牧师当做自己的人生目标，并立志做"顶好的一个"。

21岁时，他离开家乡到华盛顿·李大学念书，毕业后到神学院深造，考取了做传教士的资格，并暗下决心：去中国开展自己的事业。

回家以后，安德鲁告诉父母："我将去中国传教。"他的想法引起了轩然大波，父亲激烈反对，母亲虽然支持他但提出了一个要求：找个姑娘结婚，带妻子一起去中国。在母亲的调解下，父亲收回自己的意见，转而支持妻子。

他的父亲暗自认为，安德鲁将很难找到一个在思想上同他一样虔诚的姑娘。出人意料的是，不久安德鲁就在哥哥的教堂中认识了同样虔诚的凯丽，这使他终于有机会实现梦想。

安德鲁清心寡欲，对世俗生活毫无兴趣，一心想拯救人类的灵魂。赛珍珠在《战斗的天使》中描述安德鲁说："打从前往中国的那一刻起，就是50年纯粹的幸福。"

2. 漂泊与关爱

凯丽和安德鲁结婚不久，便相携来到中国。两人为终于实现传教士的梦想而沉浸在狂欢中。不过，"狂欢"时日短暂。来到杭州3个月后，凯丽意外地发现自己怀了身孕，这对一心想将自己交付给上帝的凯丽来说不啻于晴天霹雳，而安德鲁却将之看成是上帝的赏赐和启示，于是坚决要求凯丽生下孩子。凯丽的不悦也很快消失了，天生的母性使她陶醉，她渐渐爱上了腹中的孩子。几个月后，她平安产下一个男孩儿，取名埃德温。

此后几年，凯丽又生下3个孩子。

1890年，凯丽的一个女儿死于疾病，然后在很短的时间内又失去了一个儿子和一个女儿。巨大的不幸瞬间降临，凯丽被彻底击垮了。

在家中休养一段时间以后，凯丽的身体渐渐恢复了健康，但是备受打击的精神已经很难恢复了。3个孩子的相继死亡让凯丽非常自责。一方面，她试图将死亡看成是上帝对自己的惩罚；另一方面，她却无法抑制心中的愤怒：为什么自己已经将一切都和上帝紧密地联系在一起，上帝却用孩子的生命来惩罚自己？

　　赛兆祥在孩子去世这段时间一直在照顾凯丽，妻子憔悴的面容和萎靡的精神让他感到吃惊。在他的印象中，凯丽有虔诚的信仰，始终保持着生活的热情，而现在，似乎一切都改变了。

　　过了一段时间，赛兆祥觉得凯丽难以在现有环境中复原自己的精神，便提出让她回美国休养，凯丽同意了赛兆祥的提议。这一年距离凯丽离开美国整10年，按照教会的规定，赛兆祥有一年休假时间。

　　当凯丽和赛兆祥踏上美国土地的时候，凯丽心中激动万分。身边是熟悉的人群，马路两边是熟悉的树木。美国，像是久违的老朋友让凯丽感到亲切。在家乡休养一段时间以后，凯丽的饮食恢复了，脸颊也开始红润起来。

　　就在凯丽享受着休假生活的时候，她心中却有另一种声音在不停地回响。她开始明白，虽然自己生长于美国，她的根和爱在美国，但是她的生命中已经不能再缺少中国。在那里，有她丈夫追求的事业，有她视为生命的3个孩子的灵魂。

　　一年休假期很快便结束了，凯丽和赛兆祥准备返回中国。出发前夕，凯丽意外地发现自己又怀了身孕。对于无法习惯海洋生活的凯丽来说，在孩子降生之前，她只能留在美国。

　　对凯丽来说，孕育新生命是幸福的。虽然并不能代替死去的孩子，但是新生命终究是新希望。

　　十月怀胎之后，凯丽于1892年6月26日生下一个金发碧眼的女婴，取名"康福特"（在英文中，是安慰的意思）。的确，对于屡遭丧子之痛的凯丽来说，再没有另一种安慰能超过一个新生命的诞生了，这个女婴就是后来誉满全球的赛珍珠。

　　女婴一天天长大，活泼可爱，身体健壮。赛珍珠4个月时，赛兆祥和凯丽决定返回中国。

3个月的海上生活几乎让凯丽崩溃,从上船开始她便晕船病倒了,此后奶水也枯竭了。令人感到惊奇的是,小小的赛珍珠不但没有生病的迹象,反而生龙活虎,非常活泼。

凯丽断奶以后,赛兆祥只能用奶粉喂养赛珍珠,但麻烦的是小赛珍珠很倔强,她意志坚决地拒绝使用奶瓶,父亲只能用笨拙的大手拿起调羹喂养她。从来不会照顾孩子的赛兆祥总是手忙脚乱,幸好,船上一位善良的女服务员很喜欢小赛珍珠,偶尔会来帮助他照顾婴儿。小赛珍珠在海上的日子里茁壮成长,上岸时长得又白又胖,这次航行显示了小赛珍珠顽强的生命力。

当凯丽抱着小赛珍珠下船的时候,第一个看到的就是家里的仆人王阿妈。

王阿妈是一个中国传统妇女,她来赛家做仆人还有一段感人的故事。

当时,凯丽患肺病在家中休养。一天早晨,凯丽去散步,路过一间茅草房时,她听到从里面传出一个妇女绝望的呻吟声,她立刻推门而入,只见一个女人的怀里躺着一个死去的婴儿,婴儿头颅上渗出脑浆,在木床板上躺着一个男人,正在咒骂着女人。

凯丽走过去,搂住悲伤欲绝的女人,询问事情的真相。原来,这个女人为生活所迫,卖身为生。床上的男人因为孩子的哭闹声扰乱了心情,残忍地把孩子推到地上,结果孩子不幸死去。

得知事情原委后,凯丽邀请这个女人来家中帮忙照顾她的孩子,这个女人就此来到赛家,她就是王阿妈。此后,王阿妈一直忠心耿耿地跟随着凯丽,她们共同生活了18年之久。

有一次凯丽说:"我相信王阿妈不是人们所说的好女人,而且恐怕她永远不会懂得多少福音。但是我从未见她对哪个孩子不和善，也没听过她讲过坏话，如果天国没有她的位置，我可以把我的一半位置给她——如果我有一席之地的话。"

当王阿妈来到港口接凯丽一家，看到她怀中抱着赛珍珠的时候，她顿时被这个白白胖胖的孩子迷住了。她从凯丽手中接过赛珍珠，婴儿聚精会神地看着她，眼神中没有一丝惶恐，仿佛她躺在一个熟人的怀抱中。王阿妈眼中泛着幸福的泪水，在婴儿的脸蛋上轻轻地一吻，婴儿咯咯地笑起来。凯丽和赛兆祥看到孩子的笑容，心中也非常宽慰。

回到旧居后，凯丽在思乡之情和闷热的天气交攻下又一次病倒了。因为刚刚生育完赛珍珠，加之在船上颠簸了多日，凯丽的病来势汹汹，她只能卧床休养。由于婴儿身体娇嫩，赛珍珠只能和母亲分开，凯丽把赛珍珠交付给王阿妈照顾。此后几年时间，凯丽时常卧病在床，赛珍珠多数时间都由王阿妈抚养。

每天夜晚来临，王阿妈给赛珍珠洗澡的时候，总是喜欢哼唱中国的童谣："小老鼠，上灯台，偷油吃，下不来。喊妈妈，妈妈不理睬，咕咚咕咚，一个跟头滚下来……"虽然还是一个婴儿，赛珍珠却似乎能感觉到童谣的韵律，不时地开心笑起来。每当这时，发自内心的笑容就浮现在王阿妈的脸上。

赛珍珠一天天地长大，开始呀呀学语，王阿妈耐心地教她说话和唱儿歌。周岁以后，赛珍珠开始蹒跚学步，王阿妈给她做了一件白色长衫、一件衬裙，再将她的黄头发挽起来，带着她跟仆人玩闹。

此时的赛珍珠长着一双灵动的大眼睛，长长的睫毛，嘴唇粉嘟嘟的特别招人喜爱。赛家的仆人，无论男女老幼对她都特别宠爱。

厨师、男仆、保姆，只要谁见到赛珍珠来到身边，马上就会停下手中的活儿，开始给赛珍珠讲故事。虽然幼小，赛珍珠却听得津津有味，仿佛进入了故事中。在王阿妈的影响下，赛珍珠逐渐喜欢上了中国饮食：咸鱼、腌肉、酸菜、豆腐等等。从那时开始，中国已经深深地融入了赛珍珠的血液中，以至于她逐渐喜欢上了中国南方闷热、多雨的夏季——这个季节一直被凯丽深恶痛绝。

童年生活给赛珍珠留下了完美的印象，在孤独的晚年，赛珍珠试图用文字重新进入"天堂"，她写道："成片的竹林像青纱一样随风舞动，运河的河水在低矮的青山脚下静静地流淌，蜿蜒曲折，水光粼粼。茅草屋顶将小村庄染成棕褐色……打谷场上连枷慢腾腾地打着刚刚收获的稻谷，连枷声时断时续，让人昏昏欲睡……湛蓝的天空下是金色稻田，稻子收割后，成群结队的白鹅忙着寻找散落的谷粒……真是甜美的秋收景象……"

当然，对赛珍珠产生最重要影响的人还是王阿妈。虽然在赛兆祥家中当佣人，但王阿妈却不是基督教徒，而信仰对中国人影响深远的佛教。从赛珍珠很小的时候开始，王阿妈就给她讲述"救苦救难的观音菩萨"，以及关于观音菩萨如何解救普通人的故事。赛珍珠稍长大以后，王阿妈每次去庙中上香总是带着她。当赛珍珠第一次看到观音菩萨雕像的时候，马上喜欢上了她端庄的相貌。观音菩萨在小赛珍珠的心中更为纯洁、善良、包容。

王阿妈在赛珍珠心中留下了永不磨灭的印记，她善良、勤劳、充满爱心，是赛珍珠心目中中国人形象的代表。正是通过接触像王阿妈这样的劳动人民，赛珍珠才对中国人民有了深刻的理解，才有了她作品中中国人真实、深刻的形象。

3. 镇江生活

1896年1月，在经历了传教的挫折之后，赛兆祥一家迁居镇江。

镇江，地处长江与京杭大运河的十字路口，山水环绕，风景优美。镇江历史上才俊辈出，王昌龄曾在此地写下著名诗句：洛阳亲友如相问，一片冰心在玉壶。

从这一年到1914年，赛珍珠在镇江生活了18年之久，每当同别人谈起镇江的时候她总是形容其为"我的中国故乡"。在她的诺贝尔文学奖获奖作品《大地》中，此地也成为"物产丰富的城市"的原型。

镇江地理环境得天独厚，往来商船络绎不绝。商人们将南北方的新鲜蔬菜、时令水果带到此地，枇杷、杨梅、荔枝、柿子等等堆满镇江的市场。不过，这些水果并非赛珍珠的最爱，她最喜欢的是麦芽糖。麦芽糖白中泛黄、香脆可口，吃到嘴中稍微含一会儿，牙齿、舌尖、口腔中就充满了香甜的味道。每当听到从远处传来卖货郎的声音，无论是正在听故事还是在草丛中捉蝈蝈，赛珍珠都立刻一阵风般赶过去，从衣服中拿出铜板，还像模像样地同卖货郎讨价还价一番，才满意地将麦芽糖放在嘴中，慢慢地咀嚼起来……

尽管赛珍珠对麦芽糖钟爱有加，但凯丽却恐吓赛珍珠说麦芽糖中含有热病细菌，对小孩子的身体不好。尽管如此，赛珍珠仍然背着凯丽无所顾忌地吃，因为她的中国伙伴们同她一样，可都没有患病。

赛珍珠对中国的炒花生、螃蟹和烧饼也情有独钟。

回到美国的赛珍珠，晚年经常同友人提到中国食物炒花生，她说："中国人炒的花生呈奶白色，色、香、味俱全，一切都恰到好处，美国人把花生炒成了咖啡色，花生原来的香味都消失了。"

江水横穿城市的镇江自然少不了水产品，其中久负盛名的螃蟹闻名遐迩，颇受欢迎，深通吃中三昧的赛珍珠也颇为钟爱。重阳节前后，镇江螃蟹最为肥美，此时，赛珍珠就要饱啖一顿，以解口腹之欲。有一年中秋节，赛珍珠太贪嘴，身上起了很多红斑点。邻居看后，告诉她螃蟹凉性重，不能吃得过多，否则会过敏。

除了水果和螃蟹，镇江的小吃也远近闻名，其中以镇江烧饼最为驰名，赛珍珠对黑桥一带的镇江烧饼印象最深。据说，在她弥留之际，嘴中还喃喃自语："要是能吃一顿镇江黑桥的烧饼该有多好啊！"

美好的童年生活中，除了镇江的美食，给赛珍珠留下深刻印象的还有中国传统节日。

春节，是中国最重要的传统节日。每年过春节的时候，赛兆祥和凯丽都会给赛珍珠穿上新衣服，扎起两条小辫子，此时的赛珍珠看上去完全是中国孩子了。随后，父母带着她到中国朋友家去拜年。来到长辈家中，首先拜年问安，然后是同小伙伴交换礼物。赛兆祥和凯丽并不热衷中国人的拜年活动，赛珍珠却乐此不疲。

过完春节不久，就迎来了中国另一个重要节日元宵节，赛珍珠对它的喜欢尤甚于春节，因为每到元宵节，家中的仆人总是买回各种花灯，有莲花灯、兔子灯、蝴蝶灯、小马灯等等。

元宵之后是清明，赛珍珠同伙伴们把芦苇剖成薄片，用糨糊把它们粘在一起，做成红色的风筝，然后来到空旷的场地放风筝。风筝飘起时，赛珍珠欢快的笑声马上回荡起来。不过，当赛珍珠看到他们做的小风筝在空中渐渐被大人做的风筝淹没的时候，一面艳羡不已，一面暗下决心：等我长大了，要做一个最大、最好的风筝。

有时，凯丽让赛珍珠留在家中，无聊的赛珍珠便趴在窗台上望远处的江水，她在回忆录中写道：

"我在窗前眺望的时候了解了长江的脾气。在乍暖还寒的春日的清晨，它温顺得像冰清玉洁的美人。太阳升起来了，江面上水光粼粼，仿佛白帆、油漆过的木筏和颠簸前行的舢板都染上了一层金色……有时候长江就像煮沸水的大锅，狂风暴雨在江面上掀起巨浪，就像海上的巨浪一样。有一次我看到一条渡船行驶在汹涌的江面上，巨浪打翻了渡船，数百个乘客像昆虫一样落在江中。黑色的身影在水中挣扎了几下，转瞬就被江水吞没了。"

对于住在镇江的岁月，还有一件事情备受赛珍珠怀念——听评书。夜幕降临时分，有时便会传来说书人敲小锣的声音。这时，赛珍珠就再也坐不住了，请示凯丽以后马上飞奔到打谷场，专心致志地听说书人讲武松景阳冈打虎、诸葛亮草船借箭……

在镇江，赛珍珠一天天地长大，越来越能体会到中国人的友好。有一次，赛珍珠弄断了园丁的锄把，赛兆祥正在家中干活，看到了这一幕，他回屋中拿出皮鞭准备教训一下淘气的赛珍珠。园丁马上走过来，向赛兆祥说明锄把其实早已经被自己弄断，他只简单做了处理，再次折断不是赛珍珠的责任。即便如此，赛珍珠还是挨了打，看到皮鞭落在小姑娘的身上，园丁在走廊中悄悄地落下了眼泪，这一幕被赛珍珠看到了，心中非常难过。

就这样，活泼、可爱的赛珍珠结交了很多中国朋友。园丁、厨师、仆人，这些大人因为她讨人喜欢和她成为朋友，小朋友因为共同的兴趣成为她的朋友。对赛珍珠和她的小朋友来说，她家门前的坡地简直像一个天堂，他们在那里捉迷藏、过家家，一直玩到大人喊他们回家睡觉，才不情愿地离开。

虽然在镇江的日子充满了童真的乐趣，但是赛珍珠也体会到了生离死别和人情冷暖。

在镇江，赛珍珠失去了弟弟克莱德。

克莱德聪慧、漂亮、敏感，遗传了夫妇两人的所有优点，凯丽对他非常钟爱。

1899年1月，5岁的克莱德患上了白喉，喉咙中不时传出响声，面部因为痛苦而抽搐，凯丽束手无策。一天晚上，克莱德合上了美丽的双眼，永远离开了人世。

几天之后，赛兆祥回到家中，把克莱德下葬在镇江。当有人安慰凯丽说克莱德的灵魂马上将回到天堂时，凯丽痛苦地回答说："但是他的身体多么宝贵，我生他养他爱他……他们却把他抬走了，那是我的全部。"

此后，家中阴郁的气氛感染着赛珍珠敏感的心灵，她第一次真切地感受到生命的脆弱。即使那么美丽的生命，也会在瞬间凋零。

克莱德死后，凯丽和赛珍珠大病一场，不过生命力顽强的赛珍珠最终战胜了病魔，生存了下来。

克莱德病故第二年，中国掀起了轰轰烈烈的反抗洋人的义和团运动。

虽然风暴中心在遥远的北京，但赛珍珠还是敏锐地感觉到世界在变化。平时经常来家中串门的客人在这个春天很少来家中拜访，即使有事而来也行色匆匆。经常一起玩耍的小朋友现在也常常沉默不语，最后都悄悄地远离了赛珍珠。一时，赛珍珠从人人宠爱的孩子变得孤零零的。虽然她依然天真无邪，但内心还是感觉痛苦，逐渐沉默寡言起来。凯丽发现了赛珍珠的变化以后，对她说：中国的事情和美国无关，美国人并没有干对不起中国人的事情。赛兆祥则沉重地对赛珍珠说：假如美国被人强占，假如其他国家对美国发动不正义的战争，要求我们割让土地、索要战争赔款……美国人也不会对其他国家的人友好，所以，不要怨恨中国人。

生命的凋零、战争的残酷，这些沉重的话题一年之内接踵而至，让赛珍珠学会了思考。她一直觉得自己是一个中国人，但无情的战争提醒她，她同中国人不同，她是异邦客。所以，虽然她还深爱着中国人，但每当走在街道上有人喊她"小洋鬼子"时，赛珍珠都忍不住回敬一句："龟孙。"

1900年夏天，赛兆祥从外地归来，对凯丽说："山东一些传教士全家被杀。"这个消息让已经失去克莱德的凯丽惊恐万分。

凯丽请求赛兆祥马上到上海避难，但是赛兆祥却不同意，他表示将要留在镇江，因为他正面临着"上帝的考验"。夫妇两人发生了激烈的争吵，最终的结果是采取折中的办法：赛兆祥雇了一条小船，将它藏在隐蔽的逃跑路线的尽头，随时准备逃难。

赛珍珠一家虽然并未踏上逃难路途，但她还是发觉到生活在发生变化：从前经常来家中的邻居绝迹不见；班上的同学再不愿同她玩闹，而且公然喊她为"洋鬼子"。

赛珍珠在镇江开始的美好童年生活到此结束了，经过生活的磨难以后，她敏感的心灵学会了思考：思考生命、生活的意义。环境促成的早熟对她来说或许是一种不幸，但是对后来的读者来说却很幸运，因为正是这些让赛珍珠拿起笔来，开始书写属于她的故事……

第二章　古文基础和现代文化

1. 避难！逃难！

义和团运动开始后，飞速在全国蔓延，长久以来压抑的情绪一旦得到释放，便形成了"复仇"情结。在北京，试图通过平民力量对抗西方人的清政府默认了这一切。

作为群体，殖民者当然应该遭到驱逐。那么，掺杂在殖民者中的友好人士呢？至少在这场突如其来的运动面前，善良的赛兆祥一家难逃劫难。

义和团运动开始不久，惊闻同胞死难消息的赛兆祥便开始准备逃难。然而，此时的凯丽和赛珍珠还不太相信一向友好的中国人会伤害他们，因为在他们周围生活的中国人都是他们的朋友。

不过，当凯丽想到死去的孩子时，她改变了主意，决定听从赛兆祥的建议带着孩子去上海避难。此时的上海，作为中国最发达的海港城市，已经成为西方人最安全的避难所。

一天早晨，赛珍珠在鸟鸣声中醒来，看到父母正在收拾行装。然后，赛兆祥将一家人送到了开往上海的船上。

初登客船活泼好动的赛珍珠对海上生活充满好奇，她在船上跑来跑去，异常开心。船员和乘客听到满头黄发的赛珍珠居然说着一口地道的中国方言，都忍不住同她攀谈。

船航行了一天，夜幕降临了。赛珍珠靠在船舷上，风拂过她的脸颊，微有凉意。人们都已回船舱休息，只能听到河水涌动的声音。孤独的赛珍珠脑海中映现出镇江的房屋，一股强烈的悲凉情绪瞬间抓住了她的心。

忽然，不远处传来几缕袅袅的二胡声，声音连绵不绝、凄楚悲哀，一层一层地散入空气中，空气也仿佛感知了音乐声，和着远处低沉的潮声，慢慢地生动起来。赛珍珠被二胡声吸引住，似乎朦胧地体会到了"被放逐者"悲惨的命运。

几天之后，凯丽、王阿妈、赛珍珠顺利到达上海，开始了短暂的避难生活。

赛珍珠在上海生活了不到一年时间，在她的记忆中，只留下两件重要的事件。

在上海，赛珍珠第一次看到了自来水。

夏天来临，上海闷热的天气让赛珍珠备受煎熬，赛珍珠和妹妹每天都泡在大澡盆中，放开自来水管子，尽情地将自来水喷在身上，以减轻酷热的煎熬。

如果自来水给赛珍珠带来些微身体安慰的话，第二件事无疑让她对自己异邦客的身份加深了认识。

一天，凯丽领着赛珍珠到街上购物。

正是休息日，街上行人摩肩接踵。两人前面走着一个肥胖的中国男人，穿一身宝蓝色绸缎、墨黑色马褂，一条长长的辫子坠在脑后左右摇晃，辫子尾端用黑丝带打了一个大结。他一边浏览着商店橱窗中的货物，一边哼着小调，踱着四方步平稳地向前挪。

母女两人走在胖子的后面，想从他身侧绕过，几次不得其便。忍无可忍的赛珍珠伸手拽了一下肥胖男人的辫尾。男人回过头来时，一双蚕豆眼射出凶光，眼周围的肥肉因为愤怒似乎肿胀起来，原本下坠的脸上横肉嗖地挺拔起来，像一只受到惊吓的动物，凶猛地瞪着凯丽和赛珍珠。

赛珍珠一接触到他的目光，马上侧后跳出一步，双手紧紧抓住凯丽的衣角，然后慢慢地探出头去，匆匆地瞥了一眼胖男人，立刻缩回到凯丽背后。

已经在中国生活多年的凯丽自然知道：在中国的传统习惯里，男人的辫子是不能碰的。另一件事实是：西方人正受到中国人的排斥，她们出现在了不该出现的地方。凯丽马上谦恭地向胖男人道歉，在周围人的怒视下，凯丽和赛珍珠匆匆逃走……

这件事对赛珍珠影响深远。虽然在内心深处，她还爱着中国人，但是她也越来越意识到自己的异族身份。渐渐地，由于周围人的敌视，赛珍珠对中国人产生了隔膜。越来越多的事情都向赛珍珠表明，在中国，她和她的家人是不受欢迎的。凯丽有时会向赛珍珠描述她的故乡——美国，那里的人同她们是一样的人：长着同样的黄头发、蓝眼睛，说着同样地道的英语。然而，这一切对赛珍珠来说不啻于遥远的梦，既陌生也毫无存在感。

频遭动乱的生活促成了赛珍珠的早熟，她开始思索：我的家在哪里？是中国么？如果是中国，中国人为什么对自己不友好？是美国么？可是，我从来没有去过那里，也不熟悉那里，那里怎么会是我的家呢？

就在赛珍珠渐渐适应了上海的生活的时候，遥远的北京又发生了巨大的变故，义和团运动被清政府军队和西方军队联合绞杀，最终失败。当初，义和团成员像潮水一样涌向北京，现在，失败的团员又向退潮的潮水一样退出北京，作鸟兽散……

消息传到上海，来这座大都市逃难的民众欢呼雀跃——终于可以回家了！

不久，凯丽带着赛珍珠、王阿妈等人回到镇江。

义和团运动结束了，但是，对赛珍珠来说，动乱引起的精神创伤才刚刚开始。赛珍珠一度变得沉默寡言，凯丽认为她还在担心战乱的到来。

其实，赛珍珠关心的是另一件更重要的事：我究竟是谁？哪里才是我的家？

回到镇江以后不长时间，赛兆祥又一次到了休假的日子。赛珍珠终于有机会回到"故乡"——美国。

踏上美国土地，赛珍珠就像回到海中的鱼，似乎一下子就找到了困惑自己的问题答案：这里才是自己的家。每天生活在同样肤色的人群中，赛珍珠感到非常惬意，压抑的心情得到了缓解，她马上爱上了"故乡"。

一天，赛珍珠正在和表兄妹们玩游戏，她的外祖父匆匆赶回家中，向全家人宣布了一个可怕的消息：美国总统麦利金遇刺身亡。幼小的赛珍珠还无法理解中国的皇帝和美国的总统之间的区别，她唯一知道的是，这是两个同样重要的人。

由中国皇帝驾崩时引起的动荡不安联想到美国的局势，迭经灾祸的赛珍珠趴在母亲怀中大哭起来。所有在场的人都被赛珍珠的举动震惊了，只有凯丽了解她，将赛珍珠紧紧地抱在怀中，悄声安慰着她……

赛兆祥的一年假期很快便到期了，赛珍珠无忧无虑的日子也到了尽头。这一年的美国生活虽然使她走近了美国，但是了解远远不够。一年的生活并没有磨灭她身上的中国印记，她仍然是那个眷念镇江生活的小女孩儿，想念着黑桥烧饼。

美国，只是一个梦想。虽然在刚刚接触的时候，带着天然的亲切感，但这里并不是她的根，敏感的赛珍珠强烈地意识到了这一点。

出发那天，赛珍珠望着无边无际的大海，想象着海那边美丽的镇江，马上兴奋起来，在船头欢呼雀跃，似乎在庆幸自己走上了返乡之旅。

2. 我回来了，镇江

赛兆祥一家登上返回镇江的轮船，在轮船上，凯丽又一次病倒了。这一次，身体强壮的赛珍珠担任了照顾母亲的工作，并圆满地完成了任务。

一天早晨，天空雾气蒙蒙，赛珍珠来到船头呼吸新鲜空气。

一会儿，乘客们都涌到甲板上，急切地极目远眺，等看到陆地时，他们顿时兴奋起来，高声笑谈着：终于到镇江了。

我回来了，镇江！赛珍珠悄悄地说。

镇江，还是离开时那么美丽、熟悉，仿佛老友重逢，虽然历经变故，还是立刻就被对方吸引住。

此时，中国正维持着难得的和平。但祥和只是表面的景象，中国仍然像是一座火山，时刻酝酿着猛烈的岩浆和喷发的力量。

赛珍珠对这些并不知情，她知道的是：我并不是中国人，我天生是一个美国人。尽管在感情上，赛珍珠对二者不分轩轾，然而她不得不承认中国并不是她的祖国。另一方面，她感到悲哀的是：虽然她知道自己是一个美国人，但是因为长期生活在中国，她对美国知之甚少。

回到镇江以后，赛珍珠在凯丽的安排下开始了新的生活：上午，她阅读美国的教科书，下午，她接受中国的私塾教育，授课老师是一位老秀才。这两种截然不同的文化就这样同时被赛珍珠吸收着。

对赛珍珠来讲，同时接受中西方文化教育培养了她多角度看问题的方式，这对她的作家生涯颇有益处。

随后几年，赛珍珠逐渐成长为一个少女，王阿妈开始用严厉的态度对待她。

按照中国人的传统观点，赛珍珠这样年纪的女孩子应该大门不出、二门不迈，在闺房中等待着一位媒婆决定自己的一生。

作为传统的中国妇女，王阿妈恪尽职守，每当赛珍珠准备从小贩手中买针线或者从银匠那里挑选自己喜欢的小玩意儿的时候，王阿妈总是阴沉着脸。如果时间稍长，王阿妈便会用咳嗽提醒赛珍珠：应该回到闺房中了。

除了严格约束自己的王阿妈，赛珍珠也感到中国人正在同自己疏远。她不再同同龄中国人交朋友，在潜意识里面，她对中国人产生了戒备心。

赛珍珠有意识地在白人中寻找志同道合的朋友，因为他们拥有相同的肤色和语言。但是，这种努力经常被同她交往的女孩子的傲慢击溃，这些来自大洋彼岸的白人女孩子自视清高，把自己看成是高高在上的民族，对中国文化嗤之以鼻。

所以，尽管赛珍珠对来自西方的姑娘们满怀敬意，并试图同她们友好交往，但因为双方存在着巨大的精神鸿沟，总是无法结下更深厚的友谊。

通过接触白人，赛珍珠渐渐看到人类共同的缺点：傲慢、自大、无知、虚伪，她不再一味地看重白人，她逐渐意识到：人，是平等的生命。而白人也隐隐使她感到不安，也许在不远的将来，这些不友好的外国人就会再次遭到中国人的排斥，她也将再次因为自己的肤色受到牵连，而不得不逃离中国。

义和团运动失败以后，因为在战争中取得了胜利，西方人在中国的安全得到了改善，走在大街上，再也见不到公开敌视的行为。

最初，赛珍珠为这种改变感到兴奋。

有一次，她来到乡间散步，一个两三岁的小孩子指着她说："洋鬼子。"听到孩子叫声的母亲脸色煞白，神色惶恐，她一定对西方人残酷镇压义和团的行动记忆犹新。她马上将孩子抱进怀里，惊恐地看着赛珍珠……

此时，赛珍珠心中涌起的并非怒火，而是悲哀地感觉到双方的隔阂。她多希望中国人和美国人能成为朋友，那样，她就不会为自己的处境感到尴尬。

在赛珍珠刚回到镇江时，仇视行为经常发生。每当这时，赛珍珠都感到自己像是漂泊在大海中的一片树叶。她不能将中国人说的话说给父母听，在她的内心中，那辜负了中国人对她的信任。她也害怕父母将自己告诉他们的话讲给领事听，那样将给包括她自己在内的所有人带来灾难。

此外，教书先生的话也加重了赛珍珠的担心，他告诉赛珍珠说："战争为期不远，而且还会接连不断。"

说这番话时，教书先生眼睛望着遥远的天边，仿佛他已经看到了惨烈的战争。他的目光中掺杂着赛珍珠无法完全理解的情绪：怜悯、憎恨、果敢……

赛珍珠多想把教书先生的话说给凯丽听，但是每当看到凯丽憔悴的面容，她便将已经来到嘴边的话又咽在肚子中。赛珍珠想：即使我对妈妈和爸爸说，他们也会告诉我，孩子，这一切都是上帝的安排，我们只能努力接受。

可是，渐渐地，一种让赛珍珠自己感到不安的想法产生了：上帝为什么要让战争产生？他是为了惩罚人类么？他为什么惩罚人类？

这些话当然不能对任何人说，只能由赛珍珠自己思考。对于小赛珍珠来说，独立的思想就在身份、战争、上帝这些问题的思考中开始形成了。

"我同别的孩子不一样。"这是赛珍珠最初思考的问题。

不管是中国的孩子还是美国的孩子，都生活在自己的种族中，而自己，却以异族人的身份生活着。

她身上流淌着美国人的血液，却深深眷恋着脚下的大地，为自己的同胞给中国带来的灾难感到羞愧和不安。每当想到自己可能将在某一天被中国人赶出中国大地，她不由得伤心不已。

赛珍珠开始朦胧地知道，漂泊是自己的宿命。面对大千世界的风起云涌、血海深仇，她明白自己力量渺小，无力阻止，唯一能做的只是适应。

　　赛珍珠想清楚此事后，便开始拿起美国书籍。在美国的一年时间为时甚短，还不足以让她了解美国。为了全面了解自己将来势必要返回的地方，她只能从书本中对它进行系统了解。她悲哀地想：只有这样，将来返回美国以后才能生活下去。

3. 系统学习中国文化

　　赛珍珠的知识来源于两方面：一方面是中国的古典文化传统，一方面是西方现代知识。这两方面知识相辅相成，促成了她全面、辩证地看问题的方式，也深刻地影响了她的写作。

　　赛珍珠的中国古典文化知识受益于一位姓孔的教书先生。

　　赛珍珠10岁时回到镇江以后，凯丽开始教授赛珍珠美国课程。学习一段时间以后，赛珍珠吸收新知识的速度让她备感惊讶，可谓一学即会，一会即通。

　　本该整天都坐在座位上用功的赛珍珠，总是被凯丽发现悄悄地溜出去玩耍。而凯丽想要以此责罚赛珍珠时，却发现他们传授的知识赛珍珠已经掌握。

　　凯丽把这种情况告诉了赛兆祥，赛兆祥对赛珍珠进行了一次严格的测试。测试完成后，赛兆祥也感到万分惊奇，他想：这孩子天资如此聪颖，我们不能浪费她的天分。

　　赛兆祥和凯丽商量以后，给赛珍珠找了一个中国先生做家庭教师传授中国古典文化，这位先生就是老秀才孔先生。

孔先生五十多岁年纪，祖居北京，为人方正，学识渊博。战争中，房屋被德国人烧毁，为避战乱来到镇江。

孔先生讲一口纯正的京片子，悦耳动听。除了讲课本知识，他还给赛珍珠讲宫廷掌故、乡村野史，授课如行云流水，娓娓道来，别有一番趣味。在孔先生的课堂上，赛珍珠逐渐了解了一个新的世界，并迷上了中国古典文化。

授课从每天下午两点开始，孔先生和赛珍珠先将需要学习的文章朗诵几遍，然后由孔先生进行讲解，一直学习到下午四点。授课结束后，孔先生把书包起来，告诫赛珍珠"温故而知新"，然后踱着四方步离开赛家。赛珍珠则站在门口，目送孔先生远去。

在长达数年的私塾教育中，孔先生不仅教赛珍珠读书写字，还向她灌输了中国的传统思想——儒家伦理思想。此外，孔先生还通过传授历史，给赛珍珠打开了新的思考模式。当时，赛珍珠接受的是基督教知识，关于世界、事件，凯丽说："这一切都是上帝的安排。战争是上帝在惩罚有罪的人，穷困是考验人的信仰。"

虽然赛珍珠偶尔会怀疑凯丽的说法，但是在接受新知识之前，她对自己偶然产生的怀疑也无法找到反驳的理由。但是，孔先生教授的历史让赛珍珠开始重新思考：原来世界并不是上帝已经安排好的，世界上发生的事件都是有"源"的。

孔先生说：事出必有因，世界上没有偶然之事。有果必有因，有因必有果。要想知道现在发生的事情和推测将来要发生的事情，就要从以前的事情中找到原因，而原因就藏在历史中。为了增加说服力，孔先生还引用赛珍珠奉为经典的《圣经》中的一段经文：种下一恶，收到十倍的恶报。

　　天资聪颖的赛珍珠跟随孔先生学习以后，开始了对世界的重新思考。她一面欣喜地看到世界的另一面，一面也恐惧地发现，原来自己的种族在世界上种下了如此多的恶。从因果论的角度出发，自己的种族在将来不是要"收到十倍的恶报"？那么，我的命运又会怎样呢？

　　赛珍珠将自己的思考讲给孔先生听，孔先生为她的聪颖感到高兴。但另一方面，他也感到深深地惋惜，因为赛珍珠毕竟是美国人，他沉重地说："你这次回来，一定会很平静的，小姐。但是这种平静是不会持久的，一场暴风雨正在酝酿之中。当暴风雨来到时，你必须远离这里。你必须到美国去，在那里定居，要不然，你会和所有其他白人一样被处死的。"

　　那天，天气灰蒙蒙的，孔先生面容慈祥，但不无悲伤。孔先生走后，回到书房中的赛珍珠回想着孔先生的话，趴在桌子上痛哭起来。

　　对于未来的小说家赛珍珠来说，孔先生的授课中最能引起她兴趣的自然是中国古典文学。汉赋、唐诗、宋词这些文学作品培养了一颗善于发现美的心灵，而《三国演义》、《水浒》、《红楼梦》等中国古典小说的典范之作更是让赛珍珠开始对小说产生朦胧的兴趣。

　　在孔先生的教导下，赛珍珠不仅熟读中国传统典籍，还对中国历史、地理等学科有了全面的了解，她甚至还学会了篆刻印章。几年之后，赛珍珠已经成为一个熟识中国文化的西方人。

　　在孔先生所讲述的课程中，赛珍珠对其中一课记忆尤其深刻。

他先讲述了一个忘恩负义的人的故事，然后对赛珍珠说："假如一个人变得幸福了，他就应该饮水思源，对师长感恩戴德，否则就是忘恩负义。"

这段话深深印刻在赛珍珠的头脑中，多年以后，当她在获得诺贝尔文学奖授奖仪式上演讲时，她说："我最早的小说知识，关于怎样叙述故事和写故事，都是在中国学到的。今天不承认这一点，在我来说就是忘恩负义。"

中国知识分子向来重视知识的传承，孔先生遇到赛珍珠是他一生最幸运的事，因为赛珍珠把他教授的知识都吸收而传承下去了。而赛珍珠遇到孔先生也是一生的幸运，因为正是在孔先生的教育下，赛珍珠开始对知识、美和文学有了系统的认识。

1905年，孔先生在霍乱中病逝。

当凯丽把消息告诉赛珍珠的时候，赛珍珠顿时感觉失去了生活的航向标。

几天之后，赛珍珠准备去参加孔先生的葬礼，但凯丽竭力阻止。她无法忘记，正是这种传染病夺走了自己孩子的生命。

赛珍珠坚持前往。最终，凯丽同意在她的陪护下去参加葬礼。

在孔先生的葬礼上，赛珍珠按照中国礼节追悼故去的恩师。相信孔先生在天之灵将感到安慰，因为聪颖的赛珍珠正是从他那里学会了独立思考，并且一步步地走向文学家的最高荣誉殿堂。

4. 寄宿生活

1910年9月，赛兆祥又开始了一年的休假，凯丽决定送赛珍珠回美国读书。

看着心情抑郁的赛珍珠，凯丽决定给已经成年的女儿一个意外惊喜。在和赛兆祥经过一番激烈争论之后，凯丽告诉赛珍珠："我们将绕道欧洲回美国。"这项建议对正处在青春期，不断寻找生活刺激的赛珍珠来说不啻于从天而降的惊喜，她马上情绪高涨起来。另一方面，绕道欧洲也让凯丽免受海上颠簸之苦。

上路的日子终于到了！赛珍珠怀着矛盾的心情出发了。

赛兆祥一家先是乘坐轮船到汉口，然后改乘火车北上，一路经过北京、哈尔滨等北方名城，然后向欧洲的莫斯科、华沙、柏林和瑞士出发，一路遍览各国风光。

几个星期之后，赛珍珠来到瑞士。赛兆祥通过当地教会关系把赛珍珠送到当地的一所膳宿学校。在几个月时间里，赛珍珠不仅提高了自己的法语水平，还到湛蓝的日内瓦湖、碧波荡漾的卢塞恩湖游玩一番。

一路行来，赛珍珠参观名胜，游览山水，因远离中国而抑郁的心情得到了极大的缓解。

几个月以后，赛兆祥一家回到阔别的故乡，赛珍珠进入位于弗吉尼亚州林奇堡的伦道夫·梅康女子学院读书，开始了她在美国的4

年大学生活。

处在青春期的赛珍珠开始了新的生活，而凯丽却陷入了失落。30年过去了，美国已经不再是她熟悉的故乡，她的老父亲已经故去，而当年的熟人也流云四散，在原本熟悉的土地上，她产生了浓重的孤独感。

除了家乡的改变，还有一件事更加深了她的孤独。她的长子已经不再是当年那个依赖着她的小男孩，在长子回来看她的时候，她明显感到双方由于时间和地域的遥远造成的隔膜。

有一天深夜，凯丽躺在床上辗转反侧，忽然，她开始想念中国。她已经在那块土地上生活了30年，一切生活的回忆都留在了那片土地上。中国，已经成了凯丽的第二故乡。每当想起中国的时候，她的心中就一阵激动和兴奋。

第二天，凯丽和赛兆祥商量早些回中国。出乎凯丽意料，赛兆祥一口答应下来。实际上，凯丽并不知道，赛兆祥也已经习惯了中国的生活，而美国，他们再也无法适应了。

两人商量之后决定尽快返回中国。而此时，凯丽心中却又开始对故乡依依不舍。凯丽已经五十多岁，多年的艰苦生活严重损害了她的健康。凯丽心中清楚，离开之后，自己可能就将永远告别故乡了。

几天之后，赛兆祥和凯丽义无反顾地离开家乡，踏上返回中国的船只。

赛珍珠只能部分理解父母的心情，因为这种心情在她离开中国时也一度降临。但是，赛珍珠毕竟年轻，在她眼里，一切都充满新鲜感和希望，而凯丽颓唐的离乡情绪只有在几十年之后，当她永别中国，无法返回时才彻底了解。

父母返回中国后，新鲜的大学生活冲淡了赛珍珠的离情别绪。

然而，大学生活才刚刚开始，赛珍珠就体会到了强烈的孤独。由于始终生活在中国，赛珍珠没有美国朋友，不了解美国人的生活，甚至在思想上也差异重重，她又一次深深地陷入孤独中。在这种情况下，长兄埃德温却远离赛珍珠的生活。多年来在美国的生活已经磨灭了埃德温的东方印记，另一方面，他的家庭生活非常不幸，无力顾及胞妹。

大学是群居生活，在这个群体中，赛珍珠身上的不同把她和其他人区别开来。女孩子们知道她生长在中国以后，都叫她"奇人"，或者干脆叫她"怪物"。赛珍珠强烈地意识到，自己必须适应美国生活才能避免在孤独中度过大学生活。

聪明的赛珍珠找到了接近同学的捷径。她把凯丽给她做的中国亚麻和丝绸服装收了起来，修剪了时髦的发型。很快，在外表上，赛珍珠已经是一个地道的美国人。天性友好的同学开始接纳她，赛珍珠也成功地融入了美国世界。

赛珍珠和同学之间培养了纯洁的友谊。可是，假期到来以后，赛珍珠又要开始孤独的生活了。在同仅有的几个亲戚交往的过程中，她明显感觉到不适。

假期结束后，赛珍珠回到久违的校园。看到熟悉的图书馆、同学、校舍，她感到异常兴奋。逐渐地，赛珍珠开始习惯美国生活，同学关系也更加融洽。这一段时间，赛珍珠读了大量西方名著，这些著作为她打开了新的文学审美空间。一年之后，赛珍珠开始崭露头角，她在学校组织的各项活动中表现优异，获得了很多荣誉，并被选为班长。

在赛珍珠大学生活的最后一年，发生了对她来说至关重要的一件事。当时，赛珍珠需要一笔钱，便参加了全校范围的年度最佳小说和最佳诗歌的征文活动。让赛珍珠感到惊讶的是，她同时获得了这两个奖项。这是赛珍珠第一次参加文学比赛，借此机会她终于认识到自己的文学天分，并增强了写作的自信心。

4年的大学生活很快便结束了，赛珍珠带着深深的眷恋和不舍走出了校园。

刚从大学毕业，一个难题便摆在赛珍珠的面前：是留在美国？还是回到中国，回到母亲凯丽身边？

当回想起少年时代快乐的镇江生活，赛珍珠恨不得马上登上回中国的船只，而当她回想起在中国的逃难生活、中国的义和团运动，她又打消了回中国的念头。有一段时间，赛珍珠就在这两种情绪中左右摇摆。

就在赛珍珠彷徨的时候，一封家书决定了她的命运。赛兆祥在信中告诉赛珍珠：凯丽得了热病，急需照顾。在赛珍珠的心中，母亲凯丽是一个伟大的母亲。收到信后，赛珍珠马上联系了父母所属的长老会域外传道委员会，申请立刻派她去中国当教师。

信寄出后，赛珍珠购买了前往中国的船票，急切地等待着教会的消息。不久，教会就通知赛珍珠：由于随时可能爆发战争，教会建议赛珍珠等一段时间再去中国。不过，心急如焚的赛珍珠并没有听从教会的建议，毅然登上了回中国的船只。

大学4年生活期间，赛珍珠熟练地讲着英语，很少讲汉语。但是，一踏上中国的土地，赛珍珠就又开始"中国化"了。

回到家中，赛珍珠发现一切都变了。

在赛珍珠的少年生活中，凯丽始终扮演着最重要的家庭角色。无论面对多么艰苦的生活，凯丽始终保持着高昂的斗志和乐观的态度。但是，此时的凯丽无论从精神上还是肉体上都衰弱下去了。她骨瘦如柴、精神颓唐，家中笼罩着颓败的气息。

赛珍珠心酸地看着凯丽，暗下决心要照顾好晚年的母亲。

赛珍珠回家以后，很多邻居马上知道了消息，都来到赛家看望她，给她带来松糕、芝麻饼干。家中很久没有这样热闹了，凯丽脸上也露出久违的笑容。赛珍珠心中有一股暖流涌起，她在心中默默地说："我回来了，我的故乡。"

第三章　从归来到远行

1. 回到中国的初期生活

　　赛珍珠回到镇江，看到躺在病床上的母亲凯丽，马上为自己的决定感到庆幸。在赛珍珠的心目中，母亲是最伟大的女性，她担负着全部的苦难，毫无怨言，默默地为全家付出，不求回报。看到凯丽的那一刻，赛珍珠就已经知道，凯丽时日无多。她决定要让凯丽在有生之年尽可能地享受人生的乐趣。

　　回到镇江以后，赛珍珠将自己的时间安排成两部分。白天，她到学校教书，同时还去救助所教17岁到20岁的女孩子做各种各样的工作。晚上，回到家中，赛珍珠陪着凯丽聊天。每每看到凯丽因为回忆起美好的过去而面露笑容的时候，赛珍珠便感到特别充实。

　　凯丽此时还在一家妇女会中担任职位，为了减轻凯丽的负担，赛珍珠接替了凯丽的工作，在妇女会中倾听那些需要帮助的人讲述她们的困境、苦难和生活，回到家中再讲给凯丽听，并听取母亲的意见，并在下次开会的时候将建议讲给妇女们。

　　不久，赛珍珠的英语教学就受到学生们的一致好评。这不仅因为赛珍珠讲一口纯正的英语，还因为赛珍珠能深入浅出地讲解各种知识。

　　赛珍珠回到中国时，中国正发生沧桑巨变。清朝被孙中山领导的辛亥革命推翻了，混乱的国家正准备建立新的统治秩序。此时，社会上各种新思潮此起彼伏，各种政治势力都试图在新的秩序中占据重要的位置。

对于亲身体验过封建王朝统治和美国民主政治的赛珍珠来说，她既认真地听取年轻人激烈的争论，同时也对旧式文人的意见感兴趣。

不过，已经深刻体会身份差异的赛珍珠，多数时间并不发表自己的见解，只是在心中不停地思考问题：孙中山先生能建立新的共和国吗？如果革命失败了，中国会走向何方？会恢复帝制，还是用新的政治体制取代封建王朝的统治？

虽然身为白人，但在赛珍珠的心中，中国是中国人的中国，其他人只能是客人。对于西方人和日本人在中国的行为，赛珍珠极为反感。

生活就这样日复一日地过下去，可是，即便身体疲劳不堪，也无法逃避心灵的寂寞。从前的朋友，在赛珍珠回美国上大学期间都已经结婚生子。有时候大家偶遇，这些人都会问赛珍珠："你准备什么时候结婚呢？"

这是回到中国以后始终困扰着赛珍珠的一个问题。一方面，赛珍珠想尽可能在中国待下去，因为凯丽的身体已经不允许远行；另一方面，中国动荡的局势让赛珍珠隐约恐慌，不知道会在什么时候，因为什么事情被迫离开。况且，她的身边也没有合适的白人男青年。

在赛珍珠教书的过程中，曾经结识了一些中西混血儿，这些人不愿将自己看成是中国人，可西方人又不接受他们。赛珍珠不想自己的后代遭受同样的命运，所以她不能和中国人结婚。

表面上看起来，赛珍珠的婚姻似乎成了哥德巴赫猜想——不会有答案了。然而，神奇的命运将一个男人带到了她的身边，这件事还要从牯岭说起。

牯岭，位于庐山脚下。

当时，在中国生活的西方人非常不习惯中国南方的闷热天气，更因此损失了很多小孩子的生命。

有一次，一个在庐山打猎的英国人发现了牯岭，它是位于高山巅上一些浅的峡谷。即便盛夏时节，这里依然空气清新，凉爽宜人。

回到家中，这个英国人把这个消息告诉了位于长江流域的朋友，一传十、十传百，很多人决定联合起来租住这些峡谷，并在山谷中盖起别墅，以便在此地避暑。

从朋友那里听说这个消息的凯丽心动了，她回来劝说赛兆祥去考察一番，考察回来的赛兆祥只说了一句话："它比我在世上见到的任何其他地方都更像我们老家。"

就这样，凯丽和赛兆祥决定尽可能筹集资金到那里租一小块土地，盖所别墅避暑。

赛珍珠对第一次到牯岭印象深刻，她在传记中回忆说："经过山脚下大片的稻田和竹林摇曳的山丘，一到山腰，空气中就开始弥漫着一股美妙的寒气，小径蜿蜒而上，下面是岩石山峡，山顶上的溪流在那儿变成泡沫飞溅的银色瀑布或幽深的绿色池水，山路上随处可见五彩斑斓的各种野花，在松树和竹林下，泥土被厚厚的蕨一样的地衣覆盖着。

"山路在悬崖的石缝间盘绕，下面是峡谷，山上是飞流直下的河流和瀑布。山路越爬越高，有时候转弯很急，我们的椅子从悬崖上飞过，后面抬轿的人几乎看不到前面抬轿的人，他们弯着腰小心慢行。一旦失足，轿子就会冲下一千英尺下面的山石上和涡流中。在快到山顶的一个地方我们转了一个弯，然后就遇上了山中一股湿润的空气。直到这时才逐渐凉快下来，但现在又突然变了，抬轿的人高兴地开始嗨嗨地喊起来，跑着向上冲，椅子在他们中间荡来荡去。还是个孩子的我会忍不住地大笑。平原的空气一直是热的、沉闷的，从成千上万的人的肺里呼进呼出。但在这山顶上，空气干净、新鲜、凉爽，呼吸的时候感觉就像在呼吸氧气一样。"

别墅盖好后，几乎每年夏天，凯丽都会带着孩子们到此地避暑两个月。

在赛珍珠的印象中，牯岭简直是人间仙境。即便呆在别墅中哪儿也不去，赛珍珠也会为凉爽的空气感到幸福无比。更何况山间美景四时不同，在山路上行走，更可看到美丽的花卉，听到山涧鸟鸣。

凯丽一家是最早到牯岭避暑的一批外国人，此后，陆陆续续很多外国人都到这里避暑，这里也成了著名的避暑胜地。

1916年，赛珍珠携凯丽又一次来到牯岭避暑。正是在这个夏天，在庐山，赛珍珠邂逅了她的第一任丈夫——农学家约翰·布克，由此开始了她的新生活。

2. 农村生活

1917年5月，赛珍珠和约翰·布克完婚。

布克虽然也是在华美国人，但并不是传教士，并且也没有宗教信仰。他是一位农学家，受聘于基督教长老会来到中国做农业研究。

此后，为了顺利开展自己的研究工作，布克选择将安徽北面的宿县作为研究基地。赛珍珠只能暂时离开凯丽，和丈夫到华北去。正是在这里，赛珍珠获取了重要的写作素材。

华北，同中国南方天气差异很大，刚刚来到这里的赛珍珠很不适应。此前，赛珍珠生活的地方都是四季常青，而华北的冬天，朔风横吹，不见丝毫象征着生命的绿色。甚至，这里的农民似乎也是一个模子中塑造出来的——都是阴郁的暗褐色皮肤，麻木的面部表情。

不过，从幼年开始便四处漂泊的赛珍珠很快适应了这里的生活。对于生命力顽强的赛珍珠来说，世界总是"美"的，而她恰巧不缺乏发现美的眼睛。

华北的春天到了！

野花遍地，小草冒出嫩芽。冬天躲在家中的人群，瞬间布满大地，这片土地重新焕发着勃勃生机。

当时，赛珍珠有一对美国邻居。男主人是一位医生，女主人做家庭主妇。夫妇两人以白人身份自居，从不和周围的农民交朋友，生活过得冷冷清清。而天性善良、适应能力极强的赛珍珠与他们不同，她很快便结交了很多农民朋友，使生活变得多姿多彩。

宿县不同于镇江，在这个闭塞的小城，很少有外国人出现。当农民们发现赛珍珠对他们相当友好，又精通中文以后，便带着强烈的好奇心前来拜访。

少女时代的赛珍珠便展现了热情、好客的性格，但在王阿妈的严格约束和凯丽的监督下，这种天性还没有施展的空间。现在，赛珍珠终于做了一个家庭的主妇，终于可以尽情招待朋友们。

布克是一个专注的农学家，但并不是一个善于交往的人，来到赛珍珠家中的农民时常受到他的冷遇。每当此时，赛珍珠都能将农民的注意力转移到自己的身上。不久，赛珍珠开始接到各种各样的邀请：生日聚会、结婚典礼……

有一段时间，赛珍珠简直忙昏了头，不断地从这位朋友家到那位朋友家，还不断地接待农民的拜访。

此外，少女时代失去的行动自由也因为成家重新获得，赛珍珠最喜欢的放松方式是在夜晚到城镇的壁垒上散步，在回忆录中，她这样描述散步的情景：

"我还记得那迷人的月光……照在城墙上，照在城墙外平静的护城河上，亦真亦幻，在这个南方的小城镇里我第一次感受到了夜间中国街道的奇异之美。没有铺砌、满是灰尘的街道很宽阔……街道两旁是低矮的单层砖房或者泥土房，开着各种各样的小商店和小行当——铁铺、锡铺、烧饼铺、热水铺、干货店和蜜饯店。这被限定为古老偏远地区的生活，既然在地理上被这样限定，人们在思想上和精神上也就接受了这种限定。我在昏暗的街道上慢慢行走，注视着敞开的大门内一家人围坐在桌边吃晚饭的情形，他们只点着粗短的蜡烛或者豆油灯来照明。我觉得跟小时候相比，此时此刻我跟中国人走得更近了。"

由于丈夫特殊的身份，赛珍珠还结交了县城中很多大户人家的主妇和年轻媳妇。这些女人跟大城市中的女人不同，她们祖祖辈辈生活在这片古老的土地上，没有接触过外面的世界。她们仿佛是化石，身上还残存着中国古典的生活方式。

在她们身上，赛珍珠发现了勤劳、忍耐、恭顺等各种优点。当然，她们也受到各种拘束，有时刻薄、自私。对于她们身上的优点和缺点，赛珍珠既同情又尊重，从未因为自己受过高等教育而摆出一副师长的样子，而是同她们真诚沟通，分享她们的乐趣，分担她们的不幸。

正是在这段时间赛珍珠目睹了一起事件，让她重新考虑女性的命运，在家信中，赛珍珠这样描述让她惊骇莫名的事：

"令我感到恐惧的是，我发现他们遮住了她的眼睛，堵住了她的耳朵和鼻子，并且塞住了她的嘴，这样她就呼吸不到空气了。我马上告诉他们，如果她现在还活着就一定会窒息而死。我试图说服他们把她移到外面的院子里，或者至少大家都往后退并且拿走堵塞物体，给她一次生的机会，让我尝试一下人工呼吸。我想让他们至少允许我掀开她的脸部看看是否还有呼吸的迹象，然而他们死活不让。所以我不得不离开，心里明白这个女子正在被谋杀。她被谋杀了……她死得毫无理由，是他们使她窒息而死。甚至女子的母亲也是帮凶。那天晚上，我站在那里说正是他们杀害了这个女子，但是他们根本不信。这些人的无知和迷信是无止境的。几乎在我生活中的每一天都会听到或者接触到这样一些悲剧，这些事情如果发生在美国就会轰动全国，但是在这里却被理所当然地接受。"

从信的口气来看，赛珍珠对中国人厌恶至极，实际上却并不如此。

其实，这只是赛珍珠写信时的情绪，大部分时间，赛珍珠对中国人的习俗采取宽容的态度。譬如让很多西方人感到莫名其妙和鄙视的缠足，赛珍珠认为这是中国人的审美，就像西方女人穿着紧身胸衣一样，虽然在其他人看来颇为怪异，在本族人看来，那却是一种美。

同时经历过东西方文化教育和生活的赛珍珠，由于一直生活在中国，并没有养成当时普遍存在的"西方中心论"。广泛的知识视角让赛珍珠对生活抱有宽容的态度，这一点也深刻地影响了她将来的写作。

由于工作需要，布克时常要出门考察，赛珍珠也随同前往。虽然在中国已经居住了一段时间，但布克的中文水平一直不高，经常需要赛珍珠做翻译。

来到农村，农民们见到这个白人女子很好奇。赛珍珠在《大地》中借主人公王龙之口说出了农民们的反应："他根本看不出这是一个男人还是一个女人，但是这个人很高大，身穿一件质地很粗糙的黑色长袍，脖子里裹着围巾，皮肤苍白得跟死去的小动物一样。"

当她来到客栈中，仍然有很多人来围观，在《大地》中，赛珍珠这样描述被围观的场景："当把房门关起来时，他们向下弯腰至距离地面六英寸的样子，透过房门和地面的空隙把我从脚到头细细打量一番。如果窗户糊上了纸，他们就把手指舔湿，在柔软的米纸上捅出一个个的小洞，然后用一只眼睛观察我。"

最后，总是客栈老板出面才能制止人们疯狂的举动。赛珍珠显然对这种举动不抱有敌视态度，有时候还感到啼笑皆非。

近距离地接触农民之后，赛珍珠真切地感受了中国这块古老土地上最真实的"人"——农民。

他们承受着生活的重压，每时每刻挣扎在生死边缘。他们并不都善良，并不都真诚，但淳朴的天性并不因为贫困丧失。有时他们卑微，但有时又有惊人之举。这些，都让赛珍珠重新认识了中国，重新认识了中国人，她也萌生了将来写这些中国最真实人群的想法。

在华北，赛珍珠经历的不只是同农民交往。在那里的最后一段时间，中国政局变化剧烈，孙中山领导的新民主主义革命最终失败，封建王朝的复辟行动也夭亡，中国又一次走向了四分五裂、军阀混战的年代。

1918年秋天，宿县城墙外面被数以百计的盗匪围困，城中居民惊慌失措。战斗从早到晚，赛珍珠不时听到枪弹的声音。乐观的她在书中描述说："一年中子弹至少有一次或者两次会穿过我们的城镇……倘若一个人呆在射击范围之外，这些见怪不怪的战斗就往往会让人觉得可笑而非危险了。"

即使在混乱的局势中，赛珍珠也在寻找着生活的乐趣。她把自己的家扩建成一个小小的学校，招来本地农民的孩子教他们学习现代知识，每天在忙碌中快乐地生活着……

赛珍珠简单、平静的生活持续了3年。1919年，完成农业研究的布克在金陵大学谋得一个教职，赛珍珠必须告别这片淳朴的土地，回到大城市中生活。

告别的日子到了，邻居们都来送别远方的客人，并送上最珍贵的祝福，赛珍珠在大家的目光中逐渐远去。

华北的3年农村生活结束了，不过这段生活的影响力才刚刚开始，并贯穿了赛珍珠的一生。

在华北，赛珍珠的生活仿佛倒退了几百年，时间看上去仿佛静止了。在那里，祖父和父亲过着同样的生活，父亲和儿子过着同样的生活。

在华北生活的赛珍珠仿佛是处在冬眠期的动物，任凭时间缓缓地流淌。此时，她还无法彻底了解这段生活对自己的意义。多年以后，当赛珍珠将小城的故事讲给世界听的时候，时间重新复活了，栩栩如生的形象走进赛珍珠的眼前，而这些形象也随着赛珍珠走向了世界。

3. 第二故乡南京

1919年，赛珍珠和丈夫布克来到南京。此后，她在此地住了12年，南京的风土人情和自然风貌给赛珍珠留下了美好印象，赛珍珠称它是自己的第二故乡。

贵为六朝古都的南京城城墙宽阔雄伟，站在城墙上极目远眺，首先看到的是岿然耸峙的紫金山。初春，一片绿油油的景色环绕着紫金山，更是让人胸襟为之一爽。

城中景色和城外景色各擅胜场，城外景色阔大，而城中景色幽雅。美丽的莫愁湖和浪漫的秦淮河是赛珍珠最喜欢去的游览胜地，在那里，赛珍珠总能轻易地走进泛黄的画轴中，画轴中勾勒的形象有李香君和侯方域、有吴梅村和卞玉京，有悠扬的琵琶声，有"冲关一怒为红颜"……

当然，在南京的赛珍珠欣赏景色只是在业余时间，她大部分时间还是用在教学上。

布克在金陵大学教课以后，赛珍珠也找到了两份工作，一份是国立东南大学，另一份是基督教会大学。上课时间不长，赛珍珠就了解了两所学校的差异。基督教会大学是南京知名大学，学生或者是那些基督教徒家能够享受奖学金的子女，或者是富家子弟，而国立东南大学的学生大多生活贫苦。以英语水平而论，基督教会大学的学生相当不错，很多人都能讲流利的英语；国立东南大学的学生接触英语时间短，多数人能勉强读懂简单的文章，口语水平极差。

不过，两所学校相比，赛珍珠却更喜欢给国立东南大学的学生上课。即便在寒冷的冬天，冻得人浑身冰凉，国立东南大学的学生仍然学习热情高涨。同样出身贫困家庭的赛珍珠对这些学生深深理解，学习几乎是改变命运的唯一途径，在她的大学生活中，她也曾像他们一样渴望有名师的指点，也曾经痛下苦功，以求出人头地。

每次看到这些贫困而努力的学生时，赛珍珠都感到格外亲切，课教得也格外认真。

在大学教书的这段日子，赛珍珠除了做好本职工作，还要帮助丈夫做中国农业状况的调查研究。

她协助布克做成调查问卷，并将调查问卷发给自己的学生，让他们帮助自己做调查研究，问卷收回后，赛珍珠开始进行整理归纳，布克的中国农业状况研究更加深入。

刚刚来到南京，赛珍珠就这样紧张而忙碌地生活着。

傍晚来临，赛珍珠和布克终于从紧张的工作中脱离出来，他们沿着南京的小路一直走下去。有时候，遇见愿意聊天的人便停下来谈谈国家形势，生活状况……

相对繁华的南京有白人居住区，赛珍珠和布克曾经努力进入这个圈子。不过很快，赛珍珠便放弃了这种努力。无论在当时，还是在以后很长一段时间，很多西方人接受着一种错误的理论，认为文明的中心在西方，世界上其他地区都是愚昧、落后的，在这种观点的影响下，西方人习惯性地俯视中国人，这是赛珍珠无法忍受的。

在中国生活这么多年以后，赛珍珠已经在情感上完全接受了中国人，并且从中国古典知识那里知道，中国同西方一样，也是文明国度。

虽然赛珍珠如此友好地对待中国人，但是她的肤色却总是为她带来不幸和灾祸，这也成了她无法逃避的宿命——总是成为漂泊者。

1927年，已经在南京生活了8年的赛珍珠又一次陷入危机之中。

一天早上，赛珍珠一家正在用早餐，邻居慌张地跑进来，气喘吁吁地说："快，快找个地方躲起来，革命军正在屠杀外国人。"

赛珍珠和布克顿时愣住了。革命军？革命军不是解放人民的队伍么？他们为什么要残杀外国人？

邻居马上告诉赛珍珠，真实情况现在谁也无法说清楚，不过基督教会大学的副校长确实已经被打死在大街上了，革命军正在全城搜查外国人。

致命的危险就在眼前，在邻居妇女的帮助下，赛珍珠一家被藏起来，暂时度过了最危险的时期。

恐慌过后，赛珍珠平静下来。她不由得想起孔先生说过的话："这种平静是不会持久的，一场暴风雨正在酝酿之中。当暴风雨来到时，你必须远离这里。你必须到美国去，在那里定居，要不然，你会和所有其他白人一样被处死的。"

西方人一直将自己的意志强加给中国人，现在，中国人开始用暴力反抗了。即便赛珍珠不代表她的种族中贪婪的那一部分人，即便她长久地生活在中国，但肤色是无法改变的，此时的她，比以往任何时候都更感到同中国人的隔膜，也比以往任何时候都更沮丧。

赛珍珠逐渐平静下来以后，准备迎接自己的命运。她知道，她将用自己的血为自己的民族赎罪。

但是，还有7岁的智障女儿、3岁的养女和妹妹3岁的孩子，这些小生命不该为任何人还债，他们是无罪的。

就在赛珍珠为3个孩子担惊受怕、惶恐不安之时，她的中国朋友已经开始了救援行动。最后，在这些中国朋友的帮助下，赛珍珠一家和其他几个西方人被送到一艘美国军舰上，幸运地逃离了南京城。

离开南京，是赛珍珠一生之中第二次逃亡。在逃亡的路上，赛珍珠心绪难平。

在南京躲藏的过程中，中国朋友始终不惧艰险照顾着她。在这座城市中，赛珍珠不仅体会到了迷人的景色，南京人给赛珍珠留下的珍贵友情也一辈子被她记在心中。

南京的战事迟迟无法结束，赛珍珠只能暂离南京，到日本去避难……

4. 被上帝召回天堂的天使

1919年，赛珍珠来到南京后，产下了一个女婴。这是赛珍珠的第一个，也是最后一个孩子。

远在镇江的赛兆祥和凯丽得知消息后，兴奋异常。

新生命的诞生代表着未来的希望，而凯丽和赛兆祥这对儿"天使"夫妇，则正式步入了生命的黄昏，在平静的岁月中等待着上帝的召唤。

赛珍珠生下女儿以后，得了产后并发症。由于当时中国的医疗条件有限，布克联系了美国的医院，决定送赛珍珠回美国休养。随后，赛珍珠给凯丽去信，邀请母亲和自己一同回国，凯丽回信拒绝了赛珍珠的邀请。

在信中，凯丽说：我恐怕无法经受住海上风浪的折磨。实际上，在凯丽的内心深处，她已经将自己看成是中国人，希望在中国大地上平静地死去。美国，最好就留在回忆中，那样美丽、那样无法靠近。

赛珍珠在美国疗养到身体痊愈后回到中国。而在中国，凯丽的病情逐渐恶化，她似乎已经听到了上帝在天堂的召唤。

在凯丽生命的最后一段时间，赛珍珠始终陪伴在她身边。

即便已经嫁做人妇，并且已经有了孩子，看到即将被上帝召回的凯丽，赛珍珠还是感到六神无主，依然无法想象失去母亲以后的生活。

一直陪伴在凯丽身边的赛珍珠经受着精神和肉体的双重折磨，一天下午，她在房间中休息。房间中熟悉的摆设使赛珍珠回到了童年时代。那时候，无论遇到什么困难，或者闯下什么样的祸，只要凯丽出现在她身边，赛珍珠就不会感到恐慌。对她来说，凯丽就是保护神。疲劳的赛珍珠眼前似乎出现了幻象，一个个童年时的景象来到眼前……

就在赛珍珠陷入忧伤中不能自拔时，一阵急促的脚步声把她从幻象中拉回了现实中，一个女仆急促地跑到房中，告诉赛珍珠，凯丽快不行了。赛珍珠随着女仆快步来到母亲的房间，她的手放在门上，久久地犹豫着……大颗大颗的眼泪顺着脸颊淌下来，女仆吃惊地看着赛珍珠。赛珍珠把手从门上挪开，转过身望着远方。竹林和农舍在泪光中混合成一片，时而清晰时而朦胧。

几分钟之后，赛兆祥从屋子中走出来，平静地说：她已经被上帝召回了天堂。

直到第二天凯丽下葬之前，赛珍珠才鼓起勇气看了母亲最后一眼，眼前的凯丽瘦弱、苍白，面容祥和，对这位"天使"来说，人间的旅程结束了，她将回到天堂。赛珍珠虽然悲痛万分，但心情也逐渐平静下来。

凯丽死后，赛珍珠将她葬在镇江云台山麓牛皮坡上，这里还埋葬着凯丽夭折的小儿子。

办完凯丽的葬礼回到家中，赛珍珠忽然感到家中空荡荡的，心也瞬间空荡荡的。她回头去看赛兆祥，只见他茫然地看着屋中的每样东西，仿佛已经失去了生命的活力。

随后，她劝说赛兆祥和她一同回南京，并在那里为他找一份新工作，赛兆祥接受了赛珍珠的建议。

几天以后，赛珍珠一家坐上开往南京的火车。

再见了！镇江。

赛珍珠在镇江生活了18年之久，在这里度过了快乐的童年，并接触了中国古典文化和中国小说。

赛珍珠和镇江的缘分到此结束了，但美好的回忆才刚刚开始。在晚年，赛珍珠曾多次提到自己死后要把一半骨灰埋在镇江这片她挚爱的中国故土上。

几天以后，赛兆祥同赛珍珠来到了南京。这是赛珍珠第一次长时间接触赛兆祥，她也开始逐渐了解了赛兆祥的精神世界。

即使生活在女儿家中，赛兆祥依然过着修道士般的生活。物质世界对赛兆祥已经完全失去了吸引力，他就像一个平静等待上帝召唤的圣徒，平和、慈祥、胸襟博大。

1927年夏天，赛兆祥离开赛珍珠到庐山度假，一天晚上，一场突如其来的痢疾袭击了他脆弱的身体，几个小时后，赛兆祥安静地离开了世界，回归天堂。当时中国南方正在闹洪灾，赛珍珠甚至无法赶到庐山参加他的葬礼。

赛兆祥和凯丽相继去世了，赛珍珠的感情世界留下了永远无法填补的空缺。

在凯丽和赛兆祥两人之间，赛珍珠无疑对凯丽怀有深深的同情，甚至一度仇视没有家庭责任感的赛兆祥。直到赛兆祥晚年，赛珍珠和他经过长时间的近距离接触，才部分懂得了父亲的高尚、伟大，也从心里原谅了如圣徒般的赛兆祥。

多年以后，赛珍珠对父母的去世仍然无法释怀，她在自传中写道：

"事隔多年，现在回想起来，生命似乎充满了让人难以捉摸的讽刺意味：凯丽喜欢高山的洁净，渴望生活于斯，长眠于斯，可她却被永远埋在一块炎热的黑暗地方，埋在一块专供安葬为数不多的外国死者的墓地。那儿的空气充满人世瘴气，周围不停有着人的吼叫声、吵闹声、笑声和哭声，就连高大的围墙、紧锁的铁门也阻止不了人们去打扰她；而安德鲁（赛兆祥）呢，他一生为了拯救灵魂和众人接近，到头来却被孤零零地埋在山顶上。凯丽毕生渴望远离人世的困扰和冷暖，却毕生被自己的人性和整个世界的人性套上了枷锁，如果死是与生的一场搏斗，那么她被打败了。但是，安德鲁从未沾上人间生活的边，从不知道生活的酸甜苦辣，既不感到生活的困惑，也不分担生活的痛苦。即使成了亡灵，他依然无忧无虑，从未意识到他已升天。"

也许，赛珍珠在写父母遭遇的时候，也在陈述自己的命运。其实，从赛兆祥和凯丽来到中国那一刻起，悲剧就已经注定了。白人的身份、中国人的生活方式，让赛珍珠一生都处在被放逐的边缘，而这种放逐，随着赛珍珠年龄的增大，体会也在逐渐加深。

5. 文化中心：上海和北京

20世纪初叶的中国，上海和北京是两个文化中心，文坛名家辈出，形成了对后代影响深远的"京派"和"海派"文学。

然而，在这两个城市中都生活过一段时间的赛珍珠对这两个城市却情感迥异。

上海，是中国通向太平洋的门户城市，是当时中国最具现代气息的城市，赛珍珠曾几次在此地短暂生活。第一次是义和团运动兴起时，赛兆祥一家到上海避难。此后，在回到美国之前，赛珍珠曾经在这里的寄宿学校学习过一年。南京变乱后，一时无地可去的赛珍珠又在上海暂住了一段时间。

在赛珍珠的心中，上海和南京、镇江这些地道的中国城市完全不同，这里到处弥漫着洋人的味道，是冒险家和亡命徒的天堂。走在上海的街道上，高楼大厦鳞次栉比，似乎已经遮住了温暖的阳光。此外，城市中心到处是娱乐俱乐部、西方人和中国富豪的私人寓所。

夸张地说，上海的每一寸土地上都写着黄金的印记。然而，也就是在这个繁华的都市中，每时每刻都发生着无尽的罪恶，流氓大亨横行霸道，西方人甚至在公园门口立上标牌：中国人与狗不得入内。

而辛亥革命以后，来到上海的赛珍珠也并没有看到满意的情景。街头上到处是逃难的人，随时在死亡线上挣扎，而达官显贵开着高级轿车，不停地按着喇叭，对身边的悲惨视若无睹。

在这样一座城市中，文学也沾染了城市的气息，充满了颓废的味道。在当时的上海，有很多"海归"文学青年，有从英国剑桥和牛津毕业的学生，有只关心华贵的衣服，整日吟诗作赋的哈佛毕业生，有无法忍受西方教育的哲学博士。

赛珍珠在自传中对上海知识分子批评道：

"这个城市中有很多漂泊无根的年轻人。他们大多在国外留过学，除了整日沉迷于文学和艺术，什么艰苦的事情都不愿意干，这些人中有从巴黎拉丁区归来的艺术家，有从剑桥毕业的研究生。他们把双手保养得细嫩，整日泡在文学沙龙里吟诗作赋。他们出版一些颓废的小型英文杂志，目中无人，好像普通中国人根本不存在。在这些人群里，还有一些来中国冒险的美国女人，这些女人找了中国情人，而他们的中国情人也因此大肆吹嘘。"

这些人组成的文化圈子自视清高，目空一切，仿佛他们就是中国文化界的优秀代表，赛珍珠对这些所谓的"知识分子"非常失望，因为中国已经处在沧桑巨变中，而这些人只知道躲在温柔乡中，试图逃避现实生活。

清醒的赛珍珠感觉到，上海就像爆发大革命前夕的巴黎，整个中国都在为革命而沸腾，只有这里，还一派歌舞升平的景象，这让她既感痛心又感无奈。

同样作为中国文化中心的北京，给赛珍珠的印象却截然相反。

赛珍珠第一次到北京是在回美国读大学的途中，当时，清政府还未覆灭，他们只能在外边观看气势恢弘的颐和园。而不远处的紫禁城，由于住着一位统治着中国的女性——慈禧太后，对赛珍珠也充满了吸引力。

辛亥革命以后，中国民族主义情绪高涨，并掀起了规模宏大的排外运动。虽然在内心中，赛珍珠依然想长期留在南京，但屡次逃难的生活已经暗示赛珍珠，中国绝非久留之地。为了圆儿时的梦想，也为了工作的需要，赛珍珠带着小女儿踏上了开往北京的列车。

当时，赛珍珠耗时4年翻译的《水浒传》正计划出版，她来到北京搜寻《水浒传》的旧版本，并从古籍中拍下数百张珍贵的插图，希望在出版时能加以利用，以使翻译著作更加接近原著。

来到北京以后，赛珍珠每天上午去国立北京图书馆工作，吃过午饭后，便开始饱览这座著名的文化名城。北京和上海不同，这里古典的建筑群无形中散发着古朴的味道，让游客不知不觉便陷入其中，深深为之陶醉。赛珍珠沿着宽阔的街道前行，周围是恢弘的皇宫建筑群，望过去，似乎皇宫的每一寸黄色和红色都有一段故事要述说……

北京就是这样静静地表现着自己的典雅。心醉神迷的赛珍珠心中在反复交战：我真的要离开这个美丽的国家吗？即便万分危险，有如此美丽的建筑，我是否也应该在这个国家中住下去？

在北京，已经将中国古典名著《水浒传》翻译为英文的赛珍珠受到文化界的热烈欢迎，他们邀请她参加了北京文化界的几次聚会，让赛珍珠感受到完全不同于上海的文化氛围。

有一次，赛珍珠接到京剧大师梅兰芳的邀请，来到他家中做客。梅兰芳为这位西方友人表演京剧唱段，弹奏琵琶，赛珍珠在音乐中又一次感受到中国文化的"美"，也感受了这位名扬中外的艺术家的人格魅力。

"北京、北京。"走在返家路上的赛珍珠嘴中不停地念叨着，声音中有万分难舍的情绪。但是，对中国历史相当熟悉的赛珍珠还记得孔先生的话："当暴风雨来到时，你必须远离这里。"

风雨飘摇的中国大地，革命即将来临，谁也不知道它何时会到来，谁也无法估计什么时候结束。赛珍珠敏锐地意识到，北京之行将是她同中国文化的最后一次亲密接触，战乱将起，覆巢之下安有完卵？为了自己的文学事业，为了家庭，赛珍珠只能选择离开。

1935年，43岁的赛珍珠依依不舍地离开中国，回到美国定居。同时，也带回了关于这两座文化名城的回忆。上海和北京，代表着中国的两种文化，赛珍珠接受了古典的美，这在她将来的作品中都有表现。

第四章　跌宕起伏话感情

1. 建立在理性之上的婚姻：赛珍珠和布克

爱情，是感情的风暴；婚姻，是理性的选择。

在美国读书时，赛珍珠就从长兄埃德温不幸的婚姻中认识到，婚姻中男女双方的教育背景和出身，极大地影响着婚姻的幸福。所以，在赛珍珠的内心中，虽然向往热烈的爱情，但在婚姻的选择上，却倾向于理性选择。

为了避免重蹈埃德温的覆辙，赛珍珠在选择交往对象上，特别注重双方的精神交流和出身背景。在赛珍珠4年的大学生活中，甚至没有一位深入交往的男朋友。

大学毕业后，赛珍珠返回中国。在轮船上，她认识了一位奇特的美国男子，他学识渊博、才思敏捷，却风尘困顿。两人一见如故，相谈甚欢。但是，想到这位男子的短期工作合同和母亲脆弱的身体，赛珍珠便开始克制自己的感情。

最终，双方约定：在船上两人是无话不说的好友，等船靠岸后便分手。

回到中国参加工作以后，赛珍珠的同事都为她如此年龄还未成家感到奇怪，当她们问起赛珍珠何时成家时，赛珍珠总是避而不答。

实际上，赛珍珠早有自己的主见，她要找一个跟她出身相同的在华美国人。可是，在她的生活圈子里，只有一个年龄比她小得多的英国男子，双方在思想上又无法交流。

有一段时间，英租界的几个白人男孩子常常邀请她。当消息传出去后，一位传教士妇女代表教会找到赛珍珠，严厉谴责她说："如果你要嫁给一个经纪人，你就必须离开传教团体。"

赛珍珠回答说："我并不是传教士，我只是一个教师，我有选择和什么人交往的权利。"

那位传教士妇女说："你是教会学校的教师，而且你的父母是传教士。"

想到凯丽，赛珍珠沉默了。

那次谈话以后，赛珍珠婉拒白人青年的邀请，把自己严格控制在工作和家庭之中。

赛珍珠的终身大事，成了凯丽的心病。

过了一段时间，有一位中国朋友来到赛家，说要为赛珍珠介绍一位中国绅士。宽宏的赛兆祥同意了，可凯丽坚决反对。凯丽从自己的不幸婚姻出发，希望赛珍珠找一个出身、思想契合的丈夫。而赛珍珠心里也清楚，那位中国绅士的父母不会同意自己的儿子娶一个美国女子为妻，此事最终不了了之。

婚姻，从表面上看去和赛珍珠正渐行渐远。

不过，爱神自有他的安排，不是任何人能够逃避得了的。就像当年的凯丽和赛兆祥偶遇一样，赛珍珠和一位美国农学家的偶遇促成了她的第一段婚姻。

有一年夏天，赛珍珠和凯丽照例来到牯岭避暑。虽然小时候赛珍珠一家经常到这里避暑，但是赛珍珠在美国上学的几年，加上凯丽身体糟糕，赛珍珠已经很多年没有来这里了。和几年前截然不同，那时的牯岭静谧，现在的牯岭已经住进了众多西方人，显得热闹而拥挤。

牯岭的新来客中，有的在外交部就职，有的在石油公司工作，还有一部分人和赛兆祥身份相同，都是从西方来到中国的传教士。整个夏天，牯岭的年轻人举行着各种各样的聚会，赛珍珠暂时放下外界的烦恼，尽情享受着假期的快乐。

在聚会中，赛珍珠结识了很多朋友，其中有一个叫做约翰·布克的青年引起了赛珍珠的注意。布克比赛珍珠大两岁，是美国的农业经济学家。接触几次以后，赛珍珠还了解到，布克的父母都是美国农民，他本人受到当时出国传教热潮的影响，决定用自己学到的知识改善中国农民的耕种方式。来到中国以后，布克被分到安徽宿县的农业科学试验部开展工作，当时试验部就位于牯岭。于是，布克一边度假，一边熟悉试验部的工作。

结识布克以后，赛珍珠迅速做出反应。她知道：男大当婚，女大当嫁。对于她本人来说，选择圈子狭小，最重要的就是在合适的时间抓住合适的机会。目前，布克无疑是最合适的人选。特别是布克未来的事业在中国，赛珍珠对这一点极为看重。

有一天，两人在山间散步。告别时，赛珍珠邀请布克晚餐时到家中用餐。两人眉目相对时，布克读懂了赛珍珠的心。

晚上，布克准时来到赛珍珠家中，只见赛珍珠正在厨房中制作糕点。布克来到房间中陪凯丽聊天，一会儿，晚餐做好。当天的晚餐吃得很愉快。

快乐总是让时间显得格外短暂，夏天很快过去了。

初秋，赛珍珠的学校写信来，邀请赛珍珠回学校教书。布克此时刚好也要离开庐山，于是他们一同坐轮船顺江而下。轮船到镇江以后，赛珍珠邀请布克来到家中，布克在那里呆了整整一天，才依依不舍地离开。

在所有外力的推动下，赛珍珠和布克已经听到月下老人来敲门。至于爱情，清醒的赛珍珠并没有过多奢望。在她的身边，并不相爱的凯丽和赛兆祥过了一生。而她小时候的很多朋友，在结婚之前甚至连新郎的面也没见过。赛珍珠心里告诉自己：婚姻是上帝交给众生的使命，我必须完成它。

就在赛珍珠越来越接近婚姻大门的时候，她却察觉到，凯丽和赛兆祥似乎从未对此事提过意见。在对待赛珍珠选择布克的问题上，夫妻双方保持着罕见的默契。

几天之后，赛珍珠终于忍不住问凯丽，凯丽告诉赛珍珠，赛兆祥和她都不看好这门婚姻，因为布克并不适合他们这种知识分子型家庭。除此之外，凯丽还有一个最重要的担心，从她和赛兆祥的婚姻经验出发，她认为，夫妻两个人必须有共同的生活情趣，能够相互理解，否则，婚姻是不会幸福的。显然，布克不了解赛珍珠。

虽然赛珍珠对凯丽提出的意见表示肯定，但是她仍然提出自己的观点：想要在合适的年龄段再找到比布克更合适的西方人几乎是不可能的，所以，机会已经来了，我就应该抓住。

1917年5月，赛珍珠得到父母的理解以后，同布克步入婚姻殿堂。凯丽虽然并不看好这段婚姻，但仍然送上了最美好的祝福。

婚后不久，赛珍珠辞去学校的工作，随同丈夫来到安徽宿县开展农业事业。在工作过程中，赛珍珠充当了翻译员的工作，填充了西方农学家和中国农民之间的巨大鸿沟。

不过，随着新婚激情渐渐转淡，婚姻生活逐渐露出本质，赛珍珠发现了夫妇双方之间的差异。来自美国的布克，抱有隐藏的"白人优秀论"，认为他是来自美国的农业专家，中国的农民应该完全地接受他的意见。

不过，情况并非如此简单，中国的农民世世代代生活在这块土地上，他们对土地的了解比来自西方的、没有任何当地播种经验的布克要强，布克的指手画脚在他们看来都是无法实现的空想。在这种情况下，布克备受挫折。当他逐渐意识到他应该首先向中国农民学习，熟悉当地土地时，便更加难以接受。

就在布克逐渐走进死胡同时，赛珍珠却打开了另一个世界的大门，她顺利地和当地的农民交上了朋友。

在宿县的3年生活，对赛珍珠和布克来说是两种既相同又不同的生活。相同的是两人都在婚姻生活中备受折磨，不同的是赛珍珠同外界的接触丰富多彩，布克越来越感觉难以忍受中国的农民，将自己逼进了死胡同中。

3年的试验部生活很快便结束了，布克一心想尽快结束不愉快的华北农村生活。不久，他在南京金陵大学谋得了一个教职，他觉得团体工作一定比单独工作要有趣得多，在大学教书，可以将知识传授给学生，将来让他们去实践。

来到南京的第一年，赛珍珠收获了她第一段婚姻生活中最重要的一件礼物：她生下一个女儿。虽然这意味着她自由的天性将受到节制，但赛珍珠仍然狂喜不已。

医生在赛珍珠生产时意外发现，她患有子宫瘤，必须切除子宫，这种手术技术中国还不成熟。

无奈，赛珍珠只能回美国治病。此时她还不知道，她将面临双重打击。在美国，她被切除了子宫，从此失去了做母亲的权利；唯一的女儿出生时便患有严重的湿疹，长大后成为一个智障儿。

从美国回到中国以后的几年，赛珍珠备受打击。女儿一天天长大，智障的问题逐渐显现；凯丽结束了痛苦的一生；赛兆祥来到南京同他们住在一起，后来在牯岭病故……

而最让赛珍珠无法忍受的是，她选择的理性婚姻再也无法让她理性下去，她感性地察觉到，夫妇双方已经走到了婚姻的边缘。

在对待婚姻生活上，布克同赛兆祥态度一致。在他们眼中，女人是依附品，一旦成家便不再进行平等的沟通。像赛兆祥一样，布克也将精力放在事业上，脑中几乎没有妻女的影子。

当唯一的孩子被确诊为智障时，已经失去做母亲机会的赛珍珠痛苦地低吟着："噢，我的上帝，我做错了什么事，你要这样惩罚我？我该怎么办？"

但是，即使面对妻子的哀伤，布克还是一如既往地麻木不仁，这让赛珍珠感到心寒。

有一次，布克无意中提到，他家的小孩子生长得都很慢，这让赛珍珠觉得女儿的智障是遗传了布克家族的基因，这让她对布克嫌隙更深。

当婚姻生活陷入一潭死水，当女儿无法成为生命的奇迹，赛珍珠重新拾起了少年时代的梦想——写作。当然，此时已经不单纯是为了梦想，还为了赚钱给孩子治病。

但是，这个计划遭到了布克的反对，他理所当然地认为：我是一位大学教授，我的妻子应该做一位安分的教授夫人，相夫教子，有时间做我的助理研究员。写书？写书是一个女人该干的事吗？

不过，布克的意见对赛珍珠已经不重要了，她毅然拿起笔来，开始改写自己的人生。

赛珍珠开始写作以后，才真正找到"自己"，也是从写作开始，赛珍珠和布克的婚姻逐渐名存实亡，等待夫妇两人的只能是婚姻关系的结束。

2. 真正的爱情

30岁的赛珍珠开始进行真正的创作后，为了缩减稿件发表的周期，以便尽快得到为女儿治病的稿费，在美国找了一家合作公司——约翰·戴出版公司，并通过同该公司合作，结识了公司的总经理兼出版商理查德·威尔士。

理查德毕业于哈佛大学，早年的志向是做一名职业作家，并曾以《印第安酋长》为名写过一本书，后来逐渐意识到自己的特长是准确把握读者市场，于是转行做了出版商。

赛珍珠交给约翰·戴出版公司的第一本小说是《东风·西风》，对于出版赛珍珠的著作，出版公司一半反对，一半赞成，最后一票握在理查德·威尔士手中，他投了赞成票。这一票，决定了赛珍珠的写作命运。

不过，在两人熟悉以后，理查德告诉赛珍珠，他当时觉得书写得并不怎么样，但是出版商的直觉告诉他，书的作者和题材都将很有市场。

当赛珍珠和约翰·戴公司签约时，该公司成立仅仅两年时间，恰巧赶上美国经济大恐慌时期，公司急需通过新鲜血液塑造形象。异域题材、神秘的女性作家，这些都让理查德感觉到，小说将迅速打开出路，并且扭转公司亏损的现状。

当赛珍珠得知《东风·西风》即将被出版后，她萌生了以中国农民为题材写作一部长篇小说的想法。于是，她回到美国，找到出版公司询问意见。在出版公司的办公室中，理查德和赛珍珠第一次见面了。

赛珍珠向理查德描述了书的大致情节，理查德静静地听着。最后，赛珍珠询问理查德的意见，理查德告诉她，如果这本书能顺利完成，势必成为一本经典的畅销小说，赛珍珠听了理查德的话深受鼓舞，对眼前的出版商也产生了些微好感。

从美国回到南京，赛珍珠开始投入写作。题材方面赛珍珠早已酝酿成熟，此时动笔，恰如顺水行舟，心到笔到。只用了3个月时间，赛珍珠就完成了代表作《大地》。

事实证明，理查德出版商的眼光精准独到。《大地》刚刚上架，便被抢购一空，在此后的两年时间里，《大地》一直位居畅销书榜首位置。《大地》拯救了理查德，也拯救了约翰·戴出版公司。

兴奋的理查德从美国发来电报，向赛珍珠报告好消息，并且要求她提供一些私人信息，以满足人们的好奇心。收到消息的赛珍珠也高兴万分，不过她拒绝把自己的家庭放在媒体的放大镜下，因为她害怕智障女儿受到伤害。

《大地》在美国畅销以后，荣誉也接踵而至，首先到来的是在美国文学界最具知名度的文学奖——普利策奖。远在中国的赛珍珠得知消息后，同丈夫布克回到美国，此后，便被卷入各种社交活动中不得脱身。

这段时间，从来没有应付过媒体的赛珍珠被媒体的轰炸式采访搞得晕头转向，幸好深谙此道的理查德相伴左右，帮她取舍邀请信函，安排她参加某个媒体见面会……

和赛珍珠一同回到美国的布克，此时正在康奈尔大学准备他的博士论文，这个一直只擅长和土地、农作物打交道的农学家还未意识到，赛珍珠和理查德的心正在越走越近。

通过这段日子的亲密接触，赛珍珠和理查德都发现，他们之间志趣相投，无论谁提出一个话题，双方总能够谈论许久。在赛珍珠的生活中，从未有人对她的写作如此赞赏，他把赛珍珠看做是未完善的天才，并且对她提出了自己的中肯意见。就这样，共同的生活情趣和兴趣爱好拉近了两颗心的距离，他们从合作伙伴变成无话不谈的朋友，最终变成生死与共的爱侣。

有生以来，赛珍珠第一次体会到真正的爱情。

正在赛珍珠和理查德开始真正恋爱的时候，布克完成了博士毕业论文，决定返回中国金陵大学教书。赛珍珠只能和理查德告别，随同丈夫坐上回中国的轮船。

在当时的美国，离婚仍然是不可饶恕的罪过。即便赛珍珠明知道她和布克的婚姻已经名存实亡，她也并未提出离婚请求，而是同丈夫一同回到了中国。

当然，赛珍珠回中国还有另一个重要原因，她已经感觉到在不久的将来，中国将发生全面战争，她在中国土地上已时日无多。怀着向故土告别的心态，赛珍珠重新踏上中国的大地。

回到中国以后，赛珍珠和布克马上陷入到僵死的二人世界中。赛珍珠无奈地发现，虽然自己努力忘却理查德，忘记爱情，试图做一个忠实于婚姻、家庭、上帝的女人，但已经被爱情打动的心却并不受自己控制，早已经飞到大洋彼岸的理查德那里。

很快，赛珍珠就做出了决定，她决定尽快结束互相折磨的婚姻生活。一旦决定结束这种生活，也就意味着即将结束在中国四十余年的生活，这种痛苦是别人无法体会的。不过，赛珍珠的部分情感将永远留在中国，因为这里是她的故乡，是埋葬她父母和兄弟的土地。

做出决定以后，赛珍珠感到无比轻松。

另一方面，远在大洋彼岸的理查德也备尝相思之苦。

1934年，理查德终于找到了合适的机会，以到中国考察为由来到南京。越过千山阻隔，万水相拦，两个相爱的人终于重逢。相见的一刻，互相都有千言万语要倾诉，但"此时无声胜有声"，满含爱意的眼睛已经表达了一切。

几天之后，理查德、赛珍珠和布克进行了一次秘密谈话，谈话的内容从未公布，人们看到的结果是：谈话以后，布克马上带着三十多位学生远赴西藏开展调查工作，在那里停留了3个月之久。在这3个月时间中，赛珍珠和理查德到北京、上海等地参观，并且约见了很多文艺界的知名人士，其中包括与赛珍珠关系友好的林语堂夫妇和斯诺夫妇，赛珍珠此行的目的就是为了公开两人的恋情，以便为将来两人的结合做好准备。

回到南京后，赛珍珠和理查德又停留了一段时间，便一同回到了美国。

1935年夏天，远在中国教书的布克收到喜讯，美国政府邀请他担任财政部长的顾问，布克收到信息后马上赶回了美国，并且通知了赛珍珠。赛珍珠赶到华盛顿，双方协商之后，在内华达州的里诺城办理离婚手续。

当天，理查德和他的妻子也来到了里诺城。

早起以后，赛珍珠等4人一同来到婚姻登记处。布克和赛珍珠用20分钟办理完了离婚手续。而在另一边，理查德和他的妻子只用了不到5分钟。只用了短短20分钟，理查德和赛珍珠便走出了僵死的婚姻。

两个小时以后，赛珍珠和理查德在同一个地方领取了结婚证。

在经历了18年的惨痛婚姻以后，赛珍珠对婚姻的看法已经同青年时代不同。在书中，赛珍珠曾经借助主人公之口说出了自己的想法："如果处在婚姻中的两个人在思想、心灵上无法沟通是非常可怕的，这种状态下的婚姻迟早要走进死胡同。而越是心灵丰富多彩、敏感的人越能体会到这种无法表述的伤害。所以，只有在精神上特别契合的两个人才能有美满的婚姻。"

结婚之后，无法生育的赛珍珠领养了4个小孩，让欢声笑语充满了他们在宾夕法尼亚的家。

婚后的生活证明了两个人是天作之合。理查德不仅精明干练，也是一个富有生活情调的男人，他让赛珍珠一生中唯一一次体会到了真正的爱情。两人在事业上携手前行，为美国出版业演绎了一段段佳话。中美文化使者斯诺曾经评价说："这是美国文坛最美满的结合。"

1953年，赛珍珠和理查德开车带着孩子们横穿美国旅行，在旅行中，理查德患了轻微中风，当地医生误认为感冒，耽误了治疗。尽管两人意识到危险，中途返回家中，但是理查德仍然半身不遂，从此卧病在床，赛珍珠不得不再一次面临孤独……

3. 赛珍珠与徐志摩的"情史"

在中国现代文学史上，有一位风流倜傥的诗人，他一生备受女性青睐，也曾为林徽因、陆小曼等佳人写下许多美好的情诗，他就是徐志摩。

徐志摩，是一位中国银行家的儿子，家门显赫、聪颖异常，少年时代便颇负盛名。成年后在家庭资助下，到法国巴黎和美国留学。后来，因为崇敬英国哲学家罗素，远赴剑桥攻读硕士学位，并为那里写下了中国最美的近代诗之一《再别康桥》。

在赛珍珠的感情生活中，最引人注目、扑朔迷离的莫过于她和徐志摩之间的绯闻。至今，这也是一段没有确证的情史，但也没有证据能否定它的存在。

据说，"情史"最初的出处是赛珍珠的一位亲密朋友。"情史"引起的最大争端是男女主角都已经离世，除了赛珍珠朋友的片言只语之外，几乎没有任何直接证据。

不过，世界上对别人的私事感兴趣的人并不在少数，更何况一个是中国文学史上的风流诗人，另一个是享誉近现代史的诺贝尔文学奖获得者。自从这段"情史"传出，便有无数的人试着为其寻找依据，甚至无中生有地想象出很多可能让当事人捧腹大笑的细节来。

那么，赛珍珠和徐志摩的"情史"又是怎样公之于众的呢？原来，美国有一位叫诺拉·斯特林的传记作家，她写过一本名为《赛珍珠：一个内心充满矛盾的女人》。在该书中，作者借用部分赛珍珠的说法，隐晦地透露了赛珍珠和徐志摩的"情史"。

当时，赛珍珠在南京教书，她和布克的婚姻正在走向末路。赛珍珠在一次聚会中结识了风流倜傥的诗人徐志摩，诺拉·斯特林甚至揣测，赛珍珠和徐志摩很可能经常在上海幽会。

赛珍珠的好友莎拉曾承认：赛珍珠亲口和我说过和徐志摩的浪漫史。但是，让人感到奇怪的是，在赛珍珠的自传中并没有提到这段情史。翻遍赛珍珠的著作，和徐志摩有关的文字只是在她批评中国作家一味模仿西方作家作品时，她说：

> 模仿西方诗人，也成为一种时髦。有一个年轻漂亮的诗人，他才华横溢，颇受读者爱戴，在被称为"中国的雪莱"时，他很自豪。他喜欢坐在我的客厅里和我交谈，漂亮的双手不时优雅地打着手势。直到现在，只要我一想起他，浮现在我面前的首先是他那双手。他是北方人，个子高高的，有一种古朴之美。他的手很大，也很漂亮，如妇人之手一样光滑……我们这位"中国的雪莱"年纪轻轻就死了。我为此深感悲哀，因为他很有能力，如果能摆脱雪

莱的影响，他也许会找到自我的。他想遨游蓝天，是首批
乘坐飞机的人，死于一次空难。

在这段叙述中，除了"北方人"不正确，整个行文都在指向徐
志摩。这段文字至少能说明，赛珍珠不仅认识徐志摩，还和徐志摩
有过不错的私人交往。

除此之外，赛珍珠曾经对莎拉坦白，在她最具自传性的代表性
作品之一《北京来信》中，有一些是她的秘密。随后，她打开书，
把一段文字指给莎拉看：

　　就在这间屋内，我们首次吐露真情，立下海誓山盟。
我们并未结婚，可是我记下了这件事，我从未向人透露过
这个秘密，他也没有——我确定他一定没有。他说他只爱
我一个，不论天长地久，所以他没有告诉任何人。当然也
许这是个错误，可是我仍然为我的选择感到高兴……

在莎拉读完那段文字之后，赛珍珠笑着说："请相信，这是真
的！"随后，她便说出了隐藏终生的"情史"。但是，令人叹息不
已的是，两天之后，赛珍珠就永远离开了人世。

不论这段感情是否真正存在过，从后来的结果来看，赛珍珠都
处在一个悲剧的角色。

当时，赛珍珠和徐志摩都是有家室的人，赛珍珠又是传教士之
女，根本无法和不信上帝的中国人结合。在《北京来信》中，赛珍
珠笔下的男女主角最后战胜了种种阻挠结合在一起。假如，赛珍珠
和徐志摩曾经有过"情史"，这样的结局或许就是一种对命运的反
抗吧。

赛珍珠晚年另一个重要的朋友泰德·哈里斯曾经在赛珍珠的协

助下为她撰写传记，当他论及赛珍珠和徐志摩的关系时，他说：

"作家有特权根据一个场景在头脑中想象出所有的情节。这种事情（恋情）可能发生过，但是实际上发生了什么我们却无从得知。"

徐志摩1929年为了应付沉重的经济压力，往返于南京和北京之间，并在东南大学兼职教课。后来，乘坐飞机赶回北京途中，飞机出故障坠毁。他就像一颗耀眼的彗星，匆匆划过中国文坛，然后瞬间消失得无影无踪。对后世的文学青年来说，追求爱情、自由和幸福的徐志摩几乎像是一个象征符号，引领着他们的灵魂。毋庸置疑，徐志摩对赛珍珠也产生过重大的影响，这种影响或许如赛珍珠所说，或者只是赛珍珠想象的情节，而时间越长，赛珍珠便会越加确信想象的情节。

在众多事件的追寻者中，和两人都相识的梁实秋的说法是公认比较客观的，全文如下：

联副发表有关赛珍珠和徐志摩一篇文章之后，很多人问我究竟有没有那样的一回事。兹简答如下：

男女相悦，发展到某一程度，双方约定珍藏秘密不使人知，这是很可能的事。双方现已作古，更是死无对证。如今有人揭发出来，而所根据的不外是传说、臆测，和小说中人物之可能的影射，则吾人殊难断定其事之有无，最好是暂且存疑。

赛珍珠比徐志摩大四岁。她的丈夫布克先生是农学家。南京的金陵大学是教会学校，其农学院是很有名的，布克夫妇都在那里教书，赛珍珠教英文，并且在国立东南大学外文系兼课。民国十五年秋我应聘到东北授课，当时的外文系主任是张欣海先生，也是和我同时到校的，每于教员休息室闲坐等待摇铃上课时，辄见赛珍珠施施然来。她担任的课程是一年级英文。她和我们点点头，打个招呼，就在一边坐下，并不和我们谈话，而我们的热闹闲谈也因为她的进来而中断。有一回我记得她离开时，张欣海把烟斗从嘴边拿下来，对着我和韩湘玫似笑非笑地指着她说："That woman……"这是很不客气的一种称呼。究竟"这个女人"有什么令人对她失敬的地方，我不知道。我觉得她应该是一位好老师。听说她的婚姻不大美满，和她丈夫不大和谐。她于1892年出生，当时她丈夫大概是36岁的样子。在我的印象中，她是典型的美国中年妇女，肥壮结实，露在外面的一段胳膊相当粗圆，面团团而端庄。很多人对赛珍珠这个名字不大能欣赏，就纯粹中国人的品位来说，未免有些俗气。赛字也许是她的本姓Sydenstricker的部分译音，那么也就怪不得她有这样不很雅的名字了。

徐志摩是一个风流潇洒的人物，他比我大七八岁。我初次见到他，是通过同学梁思成的介绍，以清华文学社名义请他到清华演讲，这是民国十一年的事。他的演讲"艺术与人生"虽不成功，他的风采却是很能令人倾倒。梁思成这时候正追求林徽因小姐，林长民的女儿，美貌欣欣，才情出众，二人每周要约的地点是北海公园内的松坡图书馆。徐志摩在欧洲和林徽因早已交往，有相当深厚的友谊。据梁思成告诉我，徐志摩时常至松坡图书馆去做不受欢迎的第三者。松坡图书馆星期日照例不开放，梁因特殊关系自备钥匙可以自由出入。梁不耐受到骚扰，遂于门上贴一纸张，大书：Lovers want to be left alone（情人不愿受干扰）。志摩只得怏怏而去，从此退出竞逐。

我第二次见到徐志摩是在民国十五年夏，他在北海公园董事会举行订婚宴，对方是陆小曼女士。此后我在上海遂和志摩经常有见面的机会，说不上有深交，并非到了无事不谈的程度，当然他是否与赛珍珠有过一段情不会对我讲，可是我也没有从别人口中听说有这样的一回事。男女之私，保密不是一件容易事，尤其是受到对方倾诉"我只爱你一个人"的地步，这种情感不容易完全锁在心里，可是在志摩的诗和散文里找不到任何隐约其辞的暗示。同时，社会上爱谈别人隐私的人，比比皆是，像志摩这样交友广阔的风云人物，如何能塞住悠悠之口而不被广为传播？尤其是现下研究志摩的人很多，何待外国人来揭发其事？

如今既被外国人揭发，我猜想也许是赛珍珠生前对其有意，遂有意无意地透露了一点风声，并经人渲染，乃成为这样一段艳史。是不是她一方面的单恋呢？我不敢说。

赛珍珠初无名，1938年获诺贝尔奖，世俗之人开始注意其生平。其实这段疑案，如果属实或者纯属子虚，对于双方当事人之令名均无影响，只为好事者添一点谈话资料而已。所以在目前情形下，据我看，宁可信其无，不必信其有。

从这篇文章中看到，梁实秋对此事的态度是：宁可信其无，不必信其有，也就是对这件事保持存疑的态度。但是，无论谁否认绯闻的真实性，都不会减少人们对它的好奇心，这也许正是赛珍珠的魅力所在。

4. 从赏识到决裂

在赛珍珠同时代的中国作家中，赛珍珠最赏识的是"幽默大师"林语堂。两个文学家因为相同的文学观念曾彼此欣赏，却因为生活琐事决裂，不禁让人唏嘘感叹，世事变化莫测。

赛珍珠很早便在《中国评论》上读过林语堂的文章，并被他深刻的见解和幽默的写作风格深深吸引。

1933年，声名鹊起的赛珍珠受邀参加了一个朋友的晚宴，参加晚宴的都是中国文学界人士。林语堂在席间谈笑风生，嬉笑怒骂，辛辣幽默。赛珍珠只是静静地坐在那里，很少参与谈话，偶尔评论一两句话，总是切中要害。

晚宴结束后，林语堂邀请赛珍珠和胡适第二天到家中做客，赛珍珠欣然接受邀请。

第二天，赛珍珠来到林语堂家中。3个文化名人聚在一起，纵论古今中外。不过，赛珍珠很快就发现，在很多事情上，她和林语堂的意见都与胡适不同。慢慢地，谈话变成了争论，林语堂和赛珍珠为一方，胡适为另一方。

正所谓话不投机半句多，晚宴结束后，胡适便向主人告辞。

胡适走后，赛珍珠和林语堂愉快地交谈下去。两人越来越发现彼此的相同点如此之多：他们的父母都是长老会基督教徒，他们都接受了基督教和儒家思想双重教育，他们都能熟练地用中文和英文写作，他们都致力于中西方文化的交流……

林语堂告诉赛珍珠，他正在写作一本关于中国文化的书，赛珍珠听了以后非常兴奋。回到家中，赛珍珠马上给约翰·戴出版社写信，恳请他们关照林语堂。

1934年，林语堂介绍给赛珍珠的著作《吾国与吾民》在美国出版。出版之前，赛珍珠为这本书写了热情洋溢的序言："它实事求是，不为真实而羞愧。它写的骄傲，写的幽默，写的美妙，既严肃又欢快，对古今中国都能给予正确的理解和评价。我认为这是迄今为止最真实、最深刻、最完备、最重要的一部关于中国的著作。更值得称道的是，它是由一个中国人写的，一位现代的中国人写的，他的根基深深地扎在过去，他丰硕的果实却结在今天。"

《吾国与吾民》出版后，马上登上各大报纸畅销书的头几名。此后的4个月时间里，这本书加印到第七版。

这本书后来被看成是中国人向西方人介绍中国文化的萌芽，林语堂取得了辉煌的成功。

然而，命运却在此时和林语堂开了一个大玩笑。就在他以英文写成的《吾国与吾民》在美国热销的时候，他在国内却陷入了困境。

当时，日本正加紧对中国的侵略，东三省被日本人占领，华北受到威胁，中国正陷入国破家亡的危险中。

就在这时，林语堂却从美学角度出发，提倡文章要性灵、幽默、闲适。这种文学主张本身并没有问题，问题是"不合时宜"。1934年11月，鲁迅发表了杂文《骂杀与捧杀》，对林语堂的文学观点进行了一针见血式的驳斥，这篇文章掀起了"批林"高潮，林语堂在国内受到前所未有的攻击，一时彷徨无助。

得知林语堂在国内的处境后，赛珍珠及时伸出援手，热情地邀请林语堂一家到美国居住。权衡利弊后，林语堂举家搬迁，来到赛珍珠在宾夕法尼亚州的农庄。

来到美国以后，林语堂计划将中国古典著作介绍给西方读者。

理查德根据书籍出版的调查结果得知，美国读者对《吾国与吾民》的最后一章《生活的艺术》最感兴趣，于是劝说林语堂写一本反映中国人生活习惯和文化休闲的书，林语堂接受了理查德的意见。

1937年，林语堂新写的《生活的艺术》出版。不出理查德所料，《生活的艺术》比《吾国与吾民》更受读者欢迎，在美国重印40版以上。林语堂，这个来自中国、用英语写作的作家迅速走红。

在这段日子里，林语堂和赛珍珠结下了深厚的友谊，林语堂的书全部由约翰·戴出版公司出版。私下里，两家人经常聚餐，亲近得如同一家人。

但是让人感到遗憾的是，这段友情并没有维持很长时间。

有一段时间，林语堂专心研究中文打字机，不料花销远超他的想象，最终将自己的积蓄全部耗光，不得不向亲属朋友借债。林语堂第一个想到的自然是有合作关系、而且私交甚笃的赛珍珠，可是，让林语堂感到吃惊的是，赛珍珠断然拒绝了他的借债要求，这让两个人的友情蒙上了一层阴影。

此后不久，林语堂得知，原来在美国出版界，一般出版社向作者拿10%的版税，而理查德的约翰·戴出版公司却拿了50%。这也就意味着，林语堂同他们合作的几年时间中，经济损失巨大，并且书的版权还不直接属于林语堂，而是归出版公司所有。这件事让林语堂感觉受了骗，他的自尊心受到极大打击。

林语堂一怒之下请了上海有名的律师，将约翰·戴出版公司告上法庭，委托律师要回所有著作的版权。接到法院的传票，赛珍珠错愕万分。在她的内心里，林语堂在美国的名声是她和理查德的功劳，她无法理解林语堂的反噬行为，于是她马上给林语堂的女儿林太乙打电话询问此事，得到的答案是"一无所知"。

因为林语堂和赛珍珠都未提起过双方反目的原因，所以此事也无法得到确证。关于双方纷争的第一个版权版本中，"金钱"和"版权"是事件的焦点。而在第二个版本中，情况并不这么简单。

据说，两人分裂的根本原因是政治意见的不和。

总之，赛珍珠和林语堂这对曾经亲密无间的朋友最终走向末路，并且分开后再也没有重逢过。

5. 终生敬重的朋友

赛珍珠自幼受过中国古典文化教育，对中国的古典美最为痴迷，中国的书法、绘画、诗歌等都曾经带给她持久的精神愉悦。在赛珍珠同中国艺术家的交往中，有一位艺术家较为特殊，他并不是文学界人士，却对中国古典文化有很深的造诣，他就是中国京剧史上声动一时的梅兰芳。

1931年春天，中国南方刚刚进入气候宜人阶段。此时的赛珍珠正是春风得意，她在美国出版的长篇小说《大地》连创销售佳绩，她也得到了美国文学评论界的认同，虽然年近不惑，但赛珍珠却像一颗熠熠生辉的新星，闪烁在世界文坛。

不过，赛珍珠也渐渐感受到孔先生所告诫的：中国的和平只是暂时的，大风暴迟早要来临。为了在离开中国之前尽可能地饱览中国古迹，同时也为了给自己翻译的《水浒传》搜寻古装本，拍摄插图。3月，赛珍珠带着女儿来到北京城。

来到北京，赛珍珠感到莫名激动。这座中国近代的著名文化城市，她既陌生又熟悉。陌生是因为在她的一生中，这只是第二次来到北京城，而初次来到这里时，她还是一个孩子；熟悉是因为在镇江时，她在书中无数次读到过关于北京的风景和故事，她早已经在脑海中描绘了北京的形象，更何况，她的私塾老师孔先生一口地道的北京腔，而且对她讲过很多北京的奇闻逸事。

在孔先生传授赛珍珠古典文化的时候，他曾经为赛珍珠讲述过北京京剧，赛珍珠至今还记得孔先生描述京剧时的情景：那是一个下午，阳光照射在孔先生的脸上，他滔滔不绝地说下去，脸上时而出现狂喜的表情，说到动情处，还用手拍打着桌面，形成一种节奏……

赛珍珠来到北京后，受到中国文学界人士的热烈欢迎，赛珍珠通过他们打听到梅兰芳的近况，并表示要去拜访梅兰芳先生。

一天上午，北京城刮着微风，赛珍珠在朋友的陪同下来到李铁拐斜街101号的梨园世家，在当时的北京，这里无人不知、无人不晓，因为它的主人就是著名的京剧大师梅兰芳。

梅兰芳虽然从未接触过赛珍珠，却从朋友处知道她从幼年起便长期居住在中国，对中国古典文化有很深的造诣，同时还知道她出版过写作中国题材的小说《大地》、《东风·西风》等。

在赛珍珠前往梅兰芳家中时，梅兰芳先生也正在焦急地等待着这位贵客。他不时地要仆人到大门口去看，赛珍珠女士是否已经到达。

不久，赛珍珠终于来到梅兰芳家中。

来到梅兰芳的房间中，赛珍珠眼前的梅兰芳气度优雅、彬彬有礼，一口地道的京腔让赛珍珠想起了逝世多年的孔先生。在赛珍珠看来，梅兰芳非常合乎中国儒家所谓的"君子"形象。

赛珍珠此时39岁，比梅兰芳年长两岁。虽然已经年近不惑，但神采奕奕、精神健旺，一双经常观察生活的眼睛闪烁着灵性和智慧。

互相问候后，赛珍珠和梅兰芳都被对方的风采吸引住。

赛珍珠和梅兰芳互道问候后，便开始谈论各种双方感兴趣的话题。在对待日本问题方面，两人同时谴责邻国对中国的侵略行径。赛珍珠痛心疾首地表示：尽管我血液里流淌着的是西方的血液，但我却把中国看成是自己的祖国，我爱中国的山水、爱这里的一草一木，爱这里朴素的人民，尤其爱它的文化。

梅兰芳不愧是谈话的高手，当他发现双方谈论的话题如此悲观后，马上转换了话题。他从中美不同的文化讲起，讲到两个国家的风土人情、两个国家的自然风貌、两个国家的文化……

　　赛珍珠微笑地听着梅兰芳侃侃而谈，不时地表示赞同，同时也发表着自己的观点。当赛珍珠讲到她曾经思考，如果将中国最好的小说《红楼梦》改编成京剧，会再次引起京剧界的轰动时，梅兰芳大加赞赏，因为这个想法双方不谋而合，梅兰芳马上将赛珍珠引为知己。

　　随后，梅兰芳为赛珍珠表演了一些京剧选段，聊以助兴。

　　梅兰芳和赛珍珠谈兴甚浓，不觉间已经到了中午。梅兰芳把厨师唤到身边，询问赛珍珠的口味，赛珍珠说："前几天到欧文·拉铁摩尔家中做客，曾经有幸吃到蒙古甜点，至今回味无穷。"梅兰芳马上询问家中是否有厨师会烹制蒙古甜点，正巧有个蒙古族出身的厨师，于是马上做了一盘地道的蒙古甜点。

　　等待美食总是让人感到心焦，幸好双方不缺少谈资，赛珍珠兴之所至，又对中国美食做了一番点评，梅兰芳极有兴致地听着，并不时发表自己的观点。

　　梅兰芳家中厨师不愧京中高手，只一会儿工夫，便为贵客制作了色、香、味俱全的蒙古甜点。看着色泽娇嫩的甜点，赛珍珠小心翼翼地夹到口中尝了一口，马上满意地点点头，向梅兰芳和厨师表示感谢。

　　另一边的梅兰芳可没这么幸运。众所周知，梅兰芳以男身扮演坤角而成名，为了表演好角色，梅兰芳对自己要求严格，其中一项就是为了保持腰身，禁吃甜点。不过为了不扫贵客的兴致，梅兰芳这顿饭破例吃了一点甜点。

　　饭后，梅兰芳带着赛珍珠参观家中宅院，并向赛珍珠展现了珍藏多年的琵琶、京胡等乐器。赛珍珠反复抚摸着古老的乐器，仿佛想要把中国的美珍藏在手中。

就这样，赛珍珠在京剧大师梅兰芳家中度过了美好的一天。而这一天，也被赛珍珠深深地印在心中，并将梅兰芳视为终生敬重的朋友。

1953年，已经在世界文坛声名显赫的赛珍珠将这"美好的一天"写进自传中。在文章中，赛珍珠还对梅兰芳迁居香港并拒绝为日本人演唱的气节大加赞赏，最后她写道："现在他已入高龄，想必他在舞台上会朱颜依旧，因为他的美是内在美。"

赛珍珠和梅兰芳相识短暂，只有"美好的一天"，但是这位中国艺术家却给她留下了毕生印象，一直是赛珍珠敬重的一位朋友。

6. 同情？抑或爱情？

在赛珍珠的数段感情经历中，她和电影导演塔德的恋情是最为曲折的一段。

当时，赛珍珠在美国已经声名显赫，她的小说成为各大畅销书排行榜的常客，并且被译成多种语言在全球发行。赛珍珠不仅获得了美国普通民众的认可，也进一步让文学界认识到她作品的价值。并且，由于赛珍珠的小说故事情节曲折、高潮迭起，具备很高的改编成影视作品的价值，很多导演都亲自上门，和她商讨改编事宜。

正是在这段时间，赛珍珠的第二任丈夫理查德瘫痪在床，赛珍珠又一次跌进了无边的孤独之中。

为了排解心中的苦闷，同时也为了增加社会影响力，赛珍珠频繁地出席各种宴会和活动，让自己投入到工作之中。于是，一个青年导演出现在她的生活中。

当时，美国著名的影视公司哥伦比亚广播电视公司通过激烈的内部讨论，在几部小说中选中了赛珍珠的长篇小说《我的几个世界》，准备购买小说的改编权，将小说制作成电视剧。

在哥伦比亚广播电视公司工作的导演塔德从众多导演中脱颖而出，担纲导演。

塔德是波兰后裔，少年时代起便疯狂迷恋戏剧，学生时代，塔德便开始了自己的导演生涯，改编了几部小说，成功上演后塔德收获了成功最重要的因素：信心。随着知名度的提升，他获得越来越多的认可，在哥伦比亚广播电视公司获得了声誉。

赛珍珠收到哥伦比亚广播电视公司的改编要求后，约见了将成为导演的塔德。双方会面以后，相谈甚欢。塔德详细描述了改编计划，在描述过程中，赛珍珠看着眼前的青年导演，逐渐了解到他身上的戏剧天赋。当塔德描述完毕，赛珍珠当即决定同他合作，并在脑海中勾勒了合作成功的美好画面。

此后的一段时间中，赛珍珠和塔德频繁接触，为共同的梦想努力工作。几乎每次交流，情感寂寞的赛珍珠都能同塔德达成共识，无论言谈，还是对待电视剧，双方都越来越有默契。随着合作的深入，赛珍珠发现，自己不仅在工作上需要塔德，在情感上也开始需要塔德的抚慰，但是考虑到双方的年龄差距和卧病在床的理查德，赛珍珠始终隐忍不言，只是默默地支持塔德的工作。

几个月后，赛珍珠的长篇小说《我的几个世界》改编成电视剧。收工的那一刻来临时，赛珍珠心中同时怀着喜悦和惆怅。喜悦是因为她和塔德终于将小说改编成了电视剧；惆怅是因为电视剧已经改编完成，双方的合作已经完成，不知何时才能有下一次合作的机会。

但是，正当赛珍珠和塔德志得意满时，命运却同两个人开了一个玩笑。当以《我的几个世界》改编的电视剧拿到电视台审片时，受到抨击，哥伦比亚广播电视公司高层认为，改编的电视剧思路老套、手法陈旧，对电视观众毫无吸引力。虽然赛珍珠和塔德进行了不懈的抗争，最终，电视剧仍然以没有播出价值受到封杀。

电视剧拍摄失败，投入巨资准备大赚一笔的哥伦比亚广播电视公司大为光火，将担任导演的塔德解雇。

赛珍珠不仅未能见到电视剧播出，而且还付出了大量心血，心情坠入谷底。但是，当她想到合作伙伴塔德时，她便无暇安抚自己受伤的心灵，她提起精神，安慰塔德说："我们的合作并没有失败，我们还有美好的合作前景。"

备受打击的塔德本来信心顿失，当听到赛珍珠说"美好的合作前景"时，马上恢复了精神，因为他从赛珍珠的话中知道，这位畅销书作者并没有丧失对他的信任，而赛珍珠的小说还有很多并未改编成电视剧，这对他来说是难得的机会。

此后，赛珍珠和塔德一直保持着联系。赛珍珠一边鼓励他学习新的创作手法，提高专业水平，一边积极地为他寻找合适的电视公司，准备下一次的合作机会。

次年，在赛珍珠的推荐下，塔德终于被国家电视广播公司聘请。不久，在赛珍珠的积极运作下，她和塔德终于赢得再一次合作的机会。这一次，赛珍珠精心挑选小说，她选中了情节曲折感人的《大海啸》。这部小说以发生在日本的大海啸为背景，描述了感人至深的故事。

受到第一次合作的启示，赛珍珠决定做一些改变，她准备将小说改编成短剧。当赛珍珠将她的想法告诉塔德时，塔德马上表示同意。

随后，两人开始了第二次合作。同第一次一样，赛珍珠和塔德依然默契；同第一次不一样，塔德更多地采纳了赛珍珠的想法。在合作的过程中，赛珍珠罕见地感受到真正的快乐。

几个月以后，由小说《大海啸》改编的短剧出炉。

虽然两人对改编的短剧持乐观态度，但有了第一次的教训，两人并未将喜悦尽情展现。

短剧顺利通过审片，不久在黄金档播出。短剧受到如潮好评，两颗忐忑不安的心终于安静下来。

好消息不断传来，赛珍珠为自己和塔德感到高兴。

正所谓"祸兮福所倚，福兮祸所伏"，正当两人沉浸在成功带来的喜悦中时，塔德再次受到打击。

在赛珍珠和塔德改编小说时，国家广播公司正在进行换届选举。当短剧在电视台热播时，新任领导上任。一人得道，鸡犬升天。为了培植忠于自己的新势力，塔德成了牺牲品，再次被解雇。

不过，让塔德感到宽心的是，赛珍珠及时送上了祝福，并且允诺将继续同他合作新剧本。

在两人两次合作过程中，塔德对赛珍珠也在加深了解。他知道，已经在小说领域取得辉煌成就的赛珍珠下一步目标是百老汇舞台，而这也正是塔德的终极目标。于是，他说服赛珍珠创作一部剧本，以共同完成两人的梦想。

百老汇舞台在美国具有至高无上的地位，是剧作家、导演、演员一飞冲天的最佳舞台。

当时的美国，正在为实现世界霸权而努力，其中重要的一项是原子竞赛。同赛珍珠讨论写作题材的过程中，塔德建议赛珍珠写作一部以科学工作者为主人公的作品，赛珍珠思虑再三，最终接受建议。

赛珍珠是一位现实主义作家，在她的作品中，无时无刻不存在她自己的身影。新作品的写作素材，赛珍珠感到格外陌生。为了写出佳作，她决定到阿冈和新墨西哥的原子实验中心搜集素材。

赛珍珠和塔德商量后，决定两人同行。于是，她雇了新的用人照顾家中卧病在床的理查德和年幼的孩子们。塔德则结婚不久，刚为人父，他的妻子为了照料新生儿，只能留在家中。

一路上，赛珍珠只专注于将要写作的剧本，而塔德担负起她的生活琐事。来到实验室后，赛珍珠专心搜集写作素材，在此期间，她被科学工作者严谨、细致的态度所吸引，越来越觉得这个题材可深深挖掘。

此后两年时间，赛珍珠集中精力写作这个剧本。

在此期间，赛珍珠和塔德时常见面商讨写作思路，两人的关系逐渐亲密。从最初的工作伙伴，到志同道合的合作者；此时，双方已成为无话不谈的知己。但赛珍珠认识到双方的责任，并未将关系更近一层。

塔德比赛珍珠小二十多岁，此时正在逐渐展露才华，是导演界一个冉冉升起的明星。在他追逐自己梦想的现阶段，他最缺少的是真切的鼓励和志同道合的认可。这些，他在赛珍珠身上都得到了满足。他对赛珍珠充满感激，但也仅止于此。在塔德的心目中，赛珍珠是他的导师、知己，但并不是情人。

两年后，赛珍珠呕心沥血的剧本《沙漠事件》终于完成。随后，赛珍珠出资成立了戏剧公司，和塔德合作将该剧本搬上百老汇的舞台。

1959年3月，《沙漠事件》首演。

由于这部戏剧的作者是鼎鼎大名的赛珍珠，观众热情高涨，纷纷涌向剧院。

但是，首演出人意料地失败了！

第二天，纽约各大报刊的剧评家各抒己见。本来准备好庆祝的报纸版面，满是批评之词。多数评论家语调平淡，对该剧不置可否。同时，一些严厉的批评家则论调严苛。有的评论家直言不讳地说：赛珍珠的《沙漠事件》可谓最佳催眠曲，如果不是事先知道这部戏剧作者是诺贝尔文学奖获得者，这部作品完全可以从此在舞台上消失。

对于辛苦了两年多的赛珍珠来说，这记闷棍正中头顶，让她一时回不过神来。为了避免更大的损失，赛珍珠只能匆匆撤戏。

《沙漠事件》在百老汇演出失败后，塔德陷入了深深的自责中。在内心中，他始终对赛珍珠保持着崇敬之情，认为自己的改编是失败的。有一段时间，赛珍珠无论如何也联系不到塔德，他躲在一个无人的空间，借酒浇愁、自暴自弃。

当赛珍珠找到塔德时，她看到眼前的这个男人满脸络腮胡子、满身酒气、意气颓唐。赛珍珠努力说服塔德，并从自身的生活经验出发，告诉塔德：人生就是一场残酷的战斗，你可以失败，但是不能自己认输。

塔德从赛珍珠的话中汲取力量，虽然在他的后半生中，仍然经历过惨痛的失败，但最终都坚持了下来。

不久，赛珍珠为了使塔德重新找回自信，再一次同他合作，改编了自己的一部小说。但是让两人感到尴尬的是，新剧本演出过后，再次受到评论家的冷嘲热讽。赛珍珠的文学事业开始走下坡路，并且损失了大量钱财。

不过，赛珍珠并未因屡次失败而对塔德失去信任，她仍旧认定塔德是一个难得的戏剧天才，只是两人在合适的时间改编了不合适的剧本，才导致了如今的局面。

此后，赛珍珠利用自己的影响力，为塔德在欧洲寻找到机会，两人都在等待新的机会，以便证明《大海啸》并不是凑巧走红。

为了东山再起，塔德计划从成功的经验中寻找素材。不久之后，他为当初和赛珍珠合作的电视短剧《大海啸》争取到拍摄电影的机会。

当他把消息告诉赛珍珠的时候，赛珍珠感到由衷高兴。

几天之后，赛珍珠和塔德登上开往日本的飞机。在日本，赛珍珠亲自同电影公司谈判，努力说服对方，为塔德争取到当新片导演的机会。

正当赛珍珠为新片的拍摄筹措资金时，她收到理查德亲生女儿的来信。当赛珍珠读完信后，已是泪流满面——理查德去世了。

赛珍珠放下手中的工作，连夜坐飞机回到宾夕法尼亚州……

坐上飞机，疲劳不堪的赛珍珠却了无睡意，她的眼前浮现着理查德亲切而宽厚的面容：两人第一次见面时，他坐在椅子后边，面带笑容地看着赛珍珠；两人久别重逢后，理查德久久凝望的眼眸；两人结婚时，理查德幸福的笑容……

25年！25年弹指一挥间，这25年是赛珍珠一生中最幸福的一段时光，她和理查德深深相爱，无论在生活上还是在事业上，都相互扶持，努力前行。

丈夫卧床后，赛珍珠为了养家糊口，夫妇两人聚少离多，但理查德一直就在赛珍珠灵魂的深处，无论身处何时、无论身处何地，赛珍珠都知道这个世界上有一个男人，为了自己他能抛弃一切、能把自己当成生命一样去爱护。

如今，这个最爱的男人去世了，赛珍珠再次体会到当年凯丽去世时，世界瞬间崩塌的情绪。

理查德的去世，也终于让赛珍珠认清，她对塔德的感情并不是爱情，而只是出于欣赏的同情。

第二天，赛珍珠回到家中。理查德的亲朋好友都已经到齐，她是最后一个到达的。当赛珍珠来到房间中，站在房屋中的人默默地看着她，不发一言，另外几个坐在沙发上的人则用敌视的眼光紧紧地盯着她。

随后，赛珍珠来到医院中，见了理查德最后一面。一抹宽厚、慈祥的笑容挂在理查德的脸上，仿佛是向赛珍珠说："亲爱的，今生有你真好，我们来生再见！"

赛珍珠的眼泪夺眶而出，整个世界崩塌的感觉再次袭来。她用手轻轻地摩挲着理查德的面容，仿佛想把他的每一寸都记在心中。

母亲去世了、父亲去世了，如今连深爱的丈夫也去世了。年近古稀的赛珍珠忽然有种前路茫茫、不知该向何处去的感觉……

几天之后，理查德的亲友将一个消息告诉赛珍珠：他们集体商量后，决定将理查德的尸体运回纽约的老家安葬。赛珍珠面对众人无声的指责，最终选择了沉默。

理查德去世后，赛珍珠陷入沉重的哀痛中。她奋笔疾书，创作了两人爱情的小说《过渡之桥》。在小说中，赛珍珠再一次用笔墨倾诉了对理查德深深的爱恋，哀婉的笔调如泣如诉，让读者为之心碎。

另一方面，孤独的赛珍珠在情感上更加依赖塔德，她频繁地和塔德联系，试图排解忧郁的心情。

当赛珍珠完成了小说《过渡之桥》后，她再次陷入了无边的孤独中。于是，她决定再次出资帮助塔德拍摄新电影。但是，赛珍珠不知道，此时的塔德已经爱上了另一个女人，这个女人即将在双方合作的新电影中担任女主角。

新电影开拍之前，为了明确三方关系，塔德决定结婚。当结婚请柬送到赛珍珠手中的时候，赛珍珠同时涌起两种情绪：失落和解脱。失落是因为她和塔德再也无法像从前一样互相倾诉；解脱是因为她终于能直面未来的人生，而不再对塔德存在无望的幻想。

在两人长达几年的合作关系中，赛珍珠和塔德建立了亲密无间的关系，但是赛珍珠却始终没有勇气前行，最终只能接受这个结局。

随后，赛珍珠参加了塔德的婚礼。婚礼之前，她和塔德见面时，双方似乎被无形的障碍阻隔了，相对无言。悲哀的赛珍珠明白，他们再也回不去了。

婚礼完成后，赛珍珠赠送给塔德的结婚礼物是环球蜜月旅行。

一波未平，一波又起。正当赛珍珠将要忘却这段感情时，新婚不久的塔德却托人传话，告诉赛珍珠：我爱的其实是你，只是因为要利用女主角才同她结婚。

在情感世界中几经浮沉的赛珍珠或许不相信这种荒诞的解释，但内心却再次泛起波澜。

此后，剪不断理还乱的赛珍珠和塔德又合作了几部电影和电视剧。最终，当赛珍珠有了新的恋情后，才逐渐同塔德渐行渐远。

7. 舞蹈教师的虚假爱情

1960年，中风之后在床上躺了很多年的理查德去世了。

这一年，赛珍珠68岁。不过，年近70的赛珍珠仍然精力充沛。理查德去世后，留下了巨大的情感空白，赛珍珠只能借助参加各种宴会排遣寂寞。

就在这时，一个叫做哈瑞斯的舞蹈教师出现在赛珍珠的生活中，并且改变了赛珍珠的晚年感情生活。

哈瑞斯出身贫穷，不学无术，年纪轻轻便进入社会。在社会中晃荡了几年之后，他在费城学习了一段时间舞蹈，于是摇身一变，成了正儿八经的舞蹈教师。

　　有一段时间，赛珍珠的女儿聘请他到农庄教舞蹈，赛珍珠看着有趣，逐渐也学了起来。

　　哈瑞斯结识赛珍珠以后，马上便发现她和别人不同。稍加打听，便得知她是一位身家千万的女作家，于是比赛珍珠小40岁的他打起了坏主意。

　　通过教赛珍珠跳舞，哈瑞斯很快便发现了赛珍珠内心的寂寞。于是，他利用各种机会讨好赛珍珠。为了实现目的，哈瑞斯将赛珍珠的几本代表作仔细读了一遍，给赛珍珠写了一封热情洋溢的信，表示从她的书中汲取了生活的信心，得到了最大的欢乐和享受。

　　情感寂寞的赛珍珠，因得到哈瑞斯的赞美而获得了极大的心理满足。此后，哈瑞斯就经常陪在她的身边，赛珍珠渐渐陷入了哈瑞斯的虚假爱情，对他信任备至。

　　跟随哈瑞斯学习舞蹈以后，赛珍珠在一次她举办的"欢迎之家"慈善舞会中出尽风头，人们热情地为她优美的舞姿喝彩。一曲舞毕，赛珍珠望着身边的哈瑞斯，想着如何好好赏赐他。

　　几天之后，她提议聘请哈瑞斯到她开办的慈善机构"欢迎之家"中担任理事，理事们一片哗然。因为在座的理事不是颇有知名度的社会名流，就是对慈善机构有杰出贡献的人，哈瑞斯默默无名，理事们否决了这项提议。

　　但是，让"恋爱"冲昏了头脑的赛珍珠一意孤行，竟然另外创办了"赛珍珠基金会"，任命哈瑞斯担任基金会会长。

　　因为基金会是赛珍珠所创办，很多知名人士进入了基金会，并且捐款捐物。哈瑞斯很快显示出本性，购买了豪宅、名车供自己和赛珍珠享受。

此后几年时间，赛珍珠在哈瑞斯的陪伴下，在美国到处旅行，一边募集善款，一边奢侈消费。在哈瑞斯的"爱情"中，赛珍珠仿佛重新年轻起来，显得神采奕奕。

显然，这种奢侈的生活方式对从事慈善事业的人是不合适的。尽管赛珍珠从事慈善事业多年，为她赢得了慈善家的美誉，但仍然有人提出批评。

无孔不入的新闻界注意到赛珍珠的形象改变，注意到哈瑞斯。他的生活一点点被曝光出来：他的名车价格不菲，他的穿着都是国际名牌，他甚至经常光顾赌场……种种迹象都表明，哈瑞斯绝不是一个合格的慈善家，他盗用赛珍珠的名声，生活腐化堕落。

不久，费城的一家报纸在掌握了大量的第一手资料后，刊登了一篇关于哈瑞斯的报道，揭发了他的本来面目。联邦调查局很快介入调查，最终，哈瑞斯无奈辞去基金会会长的职位。

赛珍珠一生中经历过各种风浪，本应看清哈瑞斯的面目，却出人意料地公开为他辩护，甚至在公开场合说哈瑞斯是一个思想正派的年轻人，有美好的献身精神，只是由于小人的中伤，才被逼辞去会长职位。她甚至修改遗嘱，将资产和版权都划归哈瑞斯。

赛珍珠反常的举动引起了家人的极度不满，但是任何劝说都无法让她回心转意，她甚至开始排斥家人，和哈瑞斯在马里兰州购买了新别墅，准备享受晚年的"爱情生活"。

不久，在哈瑞斯的鼓动下，赛珍珠又成立了一家"创造公司"，从事古董艺术生意。另一方面，哈瑞斯大量翻印赛珍珠的著作、私人信件，甚至请求赛珍珠每天接见游客……

在赛珍珠生命的最后两三年时间里，她被哈瑞斯的"温柔爱情"包围着，甜蜜而自足……

1973年，赛珍珠走到了生命的尽头。临终前，她用20分钟同亲人告别。

根据赛珍珠的遗嘱，人们将她葬在生活过20多年的绿丘农庄，在墓碑上，只有她喜欢的中文篆字"赛珍珠"三个字。

赛珍珠刚刚去世，一场关于遗产的争夺战便打响了。战斗的一方是哈瑞斯，另一方是赛珍珠领养的子女们。法院和陪审团只用了一个小时的时间便解决了纷争：赛珍珠的遗产留给了她的领养子女们，自由分配。

哈瑞斯，赛珍珠生命中的最后一个男人，两手空空向赛珍珠走来，最终也只能两手空空离开赛珍珠。一个青年男人和一个老妇之间究竟有没有爱情？也许，在赛珍珠的内心深处，她希望有。而在其他人看来，至少在她的领养子女们看来，爱情是不存在的。

第五章　写中国题材的诺贝尔文学家

1. 写作，是永不磨灭的梦想

和赛珍珠同时代的中国作家中，有张爱玲、曹禺这样的天才式人物，他们年少成名，呈现出井喷式的创作态势，给人以惊艳之美；还有鲁迅、周作人这样的作家，他们创作时间长，作品数量众多，像一瓶陈酿……

赛珍珠的创作，更接近后一种类型。

不过，像所有作家一样，写作的种子很早便种下了。而且，从未磨灭过。

小时候，赛珍珠对小说的兴趣来自两方面。一方面，家中的仆人经常给赛珍珠讲《水浒传》、《三国演义》、《红楼梦》里的故事听，从他们那里，赛珍珠开始对故事产生兴趣；另一方面，来到中国的凯丽随身带了很多名著，赛珍珠最喜欢狄更斯的作品，把他的小说看了好多遍。

"我要做一个作家。"这样的梦想就在阅读中产生、明晰起来。

在美国上大学时，赛珍珠第一次通过写作获得了奖项，这更坚定了赛珍珠当作家的想法。大学毕业时，赛珍珠开始为梦想做准备。不过，此时她还只是练习写作，并没有真正投入。在她看来，一个作家不应该在30岁之前写作，因为年轻作家看到的生活还是肤浅的，无法写出深刻的作品。

大学毕业后，赛珍珠终于成为一个独立的个体，有更多的机会走进外面的世界，特别是在华北农村的生活经验，为她提供了宝贵的写作素材。

几年之后，凯丽的去世激发了赛珍珠的写作灵感。最初，她只是想让自己的孩子了解伟大的外婆，丝毫没有意识到这将是她的处女作，并将成为她的代表作之一。作品完成后，赛珍珠将它封在匣子中，放在一个安全的地方，想等孩子们长大以后取出来给他们看。这本以凯丽为题材的书，直到多年以后，赛珍珠已经取得了辉煌的写作成就时才发表，取名《异邦客》。

写完这本书以后，赛珍珠的写作激情被彻底点燃，在牯岭度假时，赛珍珠开始了真正的有意识的写作。当时是1922年，赛珍珠正好30岁。

在牯岭，赛珍珠写了一篇随笔，并邮寄给《大西洋月刊》。稿件寄出后，赛珍珠莫名兴奋，她终于将自己的"作家梦想"付诸实施。文章很快便被发表，于是来信向赛珍珠约稿。很快，赛珍珠完成了散文《中国之美》，并邮寄出去。

这两篇散文帮助赛珍珠建立了写作的信心，是赛珍珠通向诺贝尔文学奖的敲门砖，部分内容如下：

> 所有的这些变化把我惊得透不过气来……但我想我已落后于时代了。我承认我更喜欢那些年龄大点儿的中国朋友，喜欢他们那种温文尔雅的言谈举止。我讨厌那些年轻人学来的唐突粗野的样子，他们整天叼着香烟，年轻的脸上带着厌世和自负的神情，而我过去在这些脸上看到的只有谦逊羞怯、毕恭毕敬。

但是……但是，究竟是什么让我反感呢？是因为我这个学究式的落伍者没有受到尊重而生气？是因为他们怀疑乃至嘲笑我多年来养成的观点让我感到了难堪？还是因为我那中年人的顽固？我不禁暗自发问。如果这古老的文明已经不能适应当今这个时代，如果这些年轻人正是从这块衰落的大地上破土而出的新苗呢？这古老的街道，有深宅大院，有护卫着雕龙画凤的无形高墙，但却没有宇宙的时空。

倘若这些年轻人让阳光照进了那些院落，倘若是不再敬畏那五行高墙而将它摧毁了，甚至在那些精雕细刻的龙凤身上亵渎地贴上了新潮画和海报……如果这一切都是为了一个新时代的大众启蒙，为了一场思想解放运动，为了争取美好的事物和环境，而在这死气沉沉、肮脏愚昧的古老小镇进行一场战争，那么，就让这场风暴荡涤我因循守旧的灵魂，荡涤我对旧时代谦恭举止的喜爱吧！

因为世界在前进！

——《也谈中国》

我先前一直生活在中国，那儿一片宁静，风景如画，自有其独特可爱之处：清瘦的翠竹摇曳生姿，荷塘倒映出庙宇那翘起的飞檐，大地一片郁郁葱葱，亚热带明媚的阳光和繁星密布的夜空，又使它显得千般的娇、万般的柔，夏去秋来，金菊盛开，但转眼又是萧瑟西风，黄花憔悴，一片苍凉……

……

那么，中国究竟美在何处呢？反正它不在事物的表面。别着急，且听我慢慢道来。

这个古老的国家，几个世纪以来，一直缄默不语，无精打采，从不在乎其他国家对它的看法，但正是在这儿，我发现了世上罕见的美。

中国并没有在那些名胜古迹中表现自己，即使在旅行者远大的目标——北京，我们看到的也不是名胜古迹：紫禁城、天坛、大清真寺……都是这个民族根据生活的需要逐步建立起来的。那是为他们自己建立的，根本不是为了吸引游客或者赚钱。的确，多少年来，这些名声都是你千金难睹的。

中国人天生不知展览、广告为何物。在杭州无论你走到哪家大丝绸店，你都会发现，店里朴素大方，安静而昏暗，排排货架，整齐的货包，包上挂着排列匀称的价格标签。在国外，店主常在陈列架上，挂着精心叠起的绸缎，用以吸引人们的目光，招徕顾客，但这儿却没有这些。你会看到一个店员走向前来，当你告诉他想买什么以后，他会从货架上给你拿下五六个货包。包装纸撕掉了，你面前突然出现一片夺目的光彩，龙袍就是用这种料子做成的，看着闪闪发光、色泽鲜艳的织锦、丝绒、绸缎在你眼前堆起，你会感到眼花缭乱，就像是一群脱茧而出的五彩缤纷的蝴蝶在你的眼前飞舞一样。你选好了所要之物，这辉煌的景色就重又隐入了黑暗。

这就是中国！

她的美是那些体现了最崇高的思想，体现了历代贵族的艺术追求的古董、古迹，这些古老的东西，也和它们的主人一样，正缓慢走向衰落。

这堵临街的灰色高墙，其实森严，令人望而却步。但如果你有合适的钥匙，你或许可以迈进那雅致的庭院。院内，古老的方砖铺地，几百年的脚踏足迹，砖面已被磨损了许多。一株盘根错节的松树，一池金鱼，一只雕花石凳，凳上坐着一位鹤发长者，身穿白色绸袍，宝相庄严，有如得道高僧。在他那苍白、干枯的手里，是一管磨得锃亮、顶端镶银的烟袋。倘若你们有交情的话，他便会站起身来，深深鞠躬，以无可挑剔的礼数陪你步入上房。二人坐在高大的雕花楠木椅子上，共品香茗，挂在墙上的丝绸卷轴古画会让你赞叹不已，空中那雕梁画栋，又诱你神游太虚。美，到处是美，古色古香，含蓄优雅。

我的思绪又将我带到了一座寺院。寺院的客厅虽然宽敞，却有点幽暗。客厅前有一片小小的空地，整日沐浴着阳光。空地上有一个青砖垒起的花坛，漫长的岁月，几乎褪尽了砖的颜色。每至春和景明，花坛里硕大的淡红色嫩芽便破土而出。我五月间造访时，阳光明媚，牡丹盛开，色泽鲜艳，大红、粉红红成了一团火。花坛中央开着乳白色的花朵，淡黄色的花蕊煞是好看。花坛造型精巧，客人只有从房间的暗处才能欣赏到那美妙之处。斯时斯地，夫复何言？夫复何思？

我知道有些家庭珍藏有古画、古陶瓷、古铜器，还有年代久远的刺绣，这些东西出世时，还没人想到会有什么美的存在，它们的历史说不定真的和古埃及法老的宝藏一样古老呢！

变化中的中国发生了一些让人伤心的事情。一些无知的年轻人，或者为贫困所迫，或者是因为粗心大意，竟学会了拿这些文物去换钱。这些古玩实乃无价国宝，是审美价值极高的艺术珍品，是任何个人都不配私人占有的，而只应由国家来收藏的。但他们目前还不能明白这一点！

外国对中国犯下了种种罪行，不容忽视的一点就是对中国美的掠夺。那些急不可耐的古玩搜集商，足迹遍及全球的冒险家，还有各大商行的老板，从中国的宝库中掠夺了不知多少珍品。这委实是对一个无知的人的掠夺，因为她不知道自己认为可以卖到30块银元的东西，根本就不该卖掉。

此外，中国年轻一代中，有很多人的思想似乎尚未成熟，他们的表现让人感到惊愕。他们既然怀疑过去，抛弃传统，也就不可避免地抛弃旧中国那些无与伦比的艺术品，去抢购许多西方的粗陋的便宜货，挂在自己的屋里。这个国家的许多特色是我们所热爱的，而现在我们却要看着这些特色一个个消失，这的确是一个伤心的问题，中国的古典美谁来继承？盲目崇洋所带来的必然堕落怎样解决？难道说随着人们对传统的抛弃，我们也必须卖掉庙宇的斗角飞檐么？

但我也不时感到欣慰，一定会有一些人继承所有那些酷爱美的先辈，以大师的热情去追求美并把它带到较为太平的时代。

……

——《中国之美》

《也谈中国》和《中国之美》仅仅是赛珍珠初出茅庐的作品，但从行文来看，赛珍珠已经具备了成为作家的潜质：文字优美、流畅，含义丰富，读起来让人心旷神怡。

赛珍珠的这两篇散文，行文中流露出的对中国的眷恋之情让人不禁为她这个异乡人落泪。她对中国文化的喜爱，对中国古典文化在新时代传承的忧虑，就连今天读起来也很有警示作用。

赛珍珠写作这两篇散文时，中国正处在新文化运动高涨的时期，中国的知识分子为了宣扬新文化，对中国的古典文化全盘否定。赛珍珠一定敏锐地意识到这其中存在的继承问题，所以在散文中特别描述了中国古典文化的美。

但是，裹挟在时代洪流中的中国知识分子并没有折中路线，为了挽救腐朽落后的中国，他们只能奋力前行。

赛珍珠虽然喜欢中国古典文化，身上却并没有中国古典知识分子——"士"的救国救民的使命感，她的散文主要是审美的，而同时期的中国知识分子的文章明显带有政治色彩。

在中国"反对儒家旧文化"和"民主科学救中国"的浪潮中，赛珍珠的言论无疑是不合时宜的，就像王安石变法时的苏东坡一样。

实际上，热爱中国大地的赛珍珠的内心何尝不矛盾？她一方面欣赏中国古典文化的宁静安详、从容不迫的风度，另一方面也看到中华大地上残酷的军阀混战、草菅人命。

在当时的赛珍珠看来，要解决中国的问题，应该调和中国的古典文学和新文化的关系，对社会逐步改良。在她的内心中，她希望中国像美国一样，由温和的资产阶级对社会进行改良，最终消除各种社会问题。

赛珍珠并不是政治家，对中国社会的了解也不够透彻，她对中国社会的构想充满了美好的幻想。不过，赛珍珠却看到了中国知识分子没有看到的一点：改革应该立足于中国，立足于大地，在改革过程中，除了知识分子应该担任主要力量，还要联合中国的农民阶级。这样，中国的社会改革才能成功。

在当时，中国的知识分子确实承担着改革中国社会的重担。不过，似乎并没有人意识到，改革需要联合中国的农民阶级，而中国共产党的成功则说明了赛珍珠预判的正确性。而她之所以能得出这样的预判，和她在中国华北农村的生活经历息息相关。

1922年，30岁的赛珍珠终于在长久的沉默和准备以后，拿起笔来开始写作，而她的作品也迅速受到西方读者的欢迎。成功，增强了赛珍珠写作的信心，她正一步步接近成为作家的梦想。

2. 第一部长篇小说：《东风·西风》

赛珍珠的两篇散文在美国杂志上发表以后，她得到了巨大的写作信心和热情。于是，她开始酝酿写作一部长篇小说，把自己的才华淋漓尽致地展现出来。

赛珍珠的前期写作始终是秘密进行的，并不是她不想同别人探讨，而是身边无人可以倾诉。赛珍珠当时的丈夫布克对文学一无所知，并且反对赛珍珠写作，而身边的朋友，也没人对写作感兴趣，这让赛珍珠常常陷入孤独之中。此时，写作的新鲜感已经过去，对一个作家最大的考验——孤独降临了。

对赛珍珠来说，不仅要承受孤独的侵袭，她还要承受生活的重压。给女儿洗衣做饭、到大学上课、招呼来家中谈心的朋友……种种琐事常常打断她的写作思路。

1925年，赛珍珠和布克回美国度假。在轮船上，赛珍珠终于难得地清闲下来。夜晚来临以后，赛珍珠将女儿哄睡后，便来到餐厅找一个角落开始写起来……

在船上，赛珍珠完成了构思中的小说。但是她自我感觉极差，于是只能将作品束之高阁，耐心地寻找下一个题材。

回到美国之后，夫妇两人的钱很快便用光了，他们只能利用各种渠道借钱艰难度日。无奈之下，赛珍珠将在船上写的稿子拿出来，寄给了《亚洲》杂志。赛珍珠原本只想碰碰运气，没想到几天以后杂志社居然来信，通知赛珍珠作品已经被采用，并且邮来了100美元的稿费。

对于生活已经陷入困境的赛珍珠和布克来说，这笔钱简直是救命钱，赛珍珠第一次燃起了通过写作改变生活的愿望。

为了尽快改变困窘的局面，赛珍珠开始写作第二部小说。

然而，此时情况已经不同于船上，各种生活琐事又开始让赛珍珠无法集中精力写作。数次停顿以后，赛珍珠感到心灰意冷，她觉得自己再也无法将这篇小说完成了。

就在这段时间，赛珍珠看到报纸上刊登的有奖征稿活动，赛珍珠写了一篇《中国人的生活和文化》邮寄过去，结果获得了丰厚的奖金。

赛珍珠拿到奖金喜极而泣，马上拿出第二部小说的草稿写下去，最终一气呵成完成了小说。随后，赛珍珠将第二部小说寄出，很快便发表在杂志上。

两篇小说发表以后，赛珍珠再也无法停下写作的脚步，她开始构思、写作第三部小说。

1929年，赛珍珠便得到通知，有人愿意出版她的小说了。

赛珍珠的小说以《东风·西风》为书名，讲述了一个名叫杨桂兰的中国传统女性的故事。

杨桂兰出生于中国老式封建家庭，从小接受的是三从四德、男尊女卑、女子无才便是德的封建教育。嫁给她的丈夫之前，她已经学会了侍候公婆、烹饪……同时，也学习到了顺从丈夫、视丈夫为中心的思想。在杨桂兰的闺房生涯中，最让她得意的是她拥有同辈女孩中最小的脚。在内心深处，她自认为将来一定能成为合格的贤妻良母。

但是，杨桂兰要嫁的丈夫并不是中国传统男性。他留学西方，学习了西方的民主思想，对她身上的传统美德深感厌恶。结婚之前，他曾经进行了激烈的反抗，但最终失败。新婚夜，他告诉杨桂兰："我不会强迫你做任何事情，你不是我的附属品，不是我的奴隶。你要是愿意，我们可以做朋友。"

丈夫的话让杨桂兰万分惊恐，她十几年培养起来的价值观瞬间崩塌，她不知道生活将走向何方，也不知道等待她的命运是什么，她惶恐地期待着未来……

有一次，杨桂兰侍候婆婆梳洗时不慎将水打翻，受到婆婆的严厉呵斥，杨桂兰默默地承受着婆婆的责骂，因为这是传统女人的美德。但是她的丈夫却进行了激烈的反抗，并声称杨桂兰不是下人，不能干下人的活。丈夫和婆婆大吵一通，最终带着杨桂兰从家中搬了出来。紧接着，丈夫又要求杨桂兰放脚。为了讨丈夫欢心，杨桂兰忍痛放脚。在此过程中，杨桂兰的丈夫逐渐爱上了她，而她也从心里开始接受丈夫的新思想，并爱上了他，他们的婚姻平等、和睦。不久，儿子出生了，丈夫甚至为杨桂兰争取到孩子的抚育权……

《东风·西风》除了讲述杨桂兰的故事，还讲述了杨桂兰哥哥的故事。她的哥哥留学美国，爱上了导师的女儿，娶为妻子，并带回国内。但是大家族根本不承认这桩不合规矩的婚姻，最终他与家中断绝关系，靠教书为生。

给书起名字时，赛珍珠用"东风"代表中国传统文化，用"西风"代表西方文化。在两个家庭中，杨桂兰是中国文化的典型代表，她的丈夫、哥哥身上兼具中国文化和西方文化，但很显然，西方文化占了主导地位。

如果赛珍珠只是简单地让西方文化在小说中占据主要地位，完全压倒中国古典文化，那么未免太简单。在关于杨桂兰和她的哥哥两个家庭故事之外，还有一些值得回味的故事。

在书中，杨桂兰的丈夫有一个女性朋友刘太太，她接受过西方教育，但身上也保留着一些中国传统女性的美德，并且在她身上完美地调和在一起。在小说中，刘太太用一句话概括了应该对西方文化采取的态度："尽量学习洋人的好东西，不适合的就扔掉。"

作为赛珍珠的第一部长篇小说，《东风·西风》远远不如她的散文和论文那样出色，无论从行文布局还是对词语的控制都火候欠佳。但是这部小说还是取得了不错的销售成绩，这更加坚定了赛珍珠写作中国题材的信心。小说获得成功后，赛珍珠开始酝酿写作《大地》。

3. 描写中国农民的《大地》

《东风·西风》的成功让赛珍珠看到了用写作改变命运的机会。把女儿在美国安顿好后，赛珍珠登上了回中国的轮船。在船上，赛珍珠开始酝酿一部堪称"史诗"的小说。

回到南京家中，作品的框架已经非常清晰，只等待赛珍珠把它变成文字。

几天之后，赛珍珠把家中的小阁楼收拾干净，在里面放了一张宽大的写字台。一切准备妥当，赛珍珠开始进入写作状态。

每天下午，赛珍珠尽快收拾完家务，便来到阁楼中开始写作。小说的开头部分很难写，尽管已经酝酿了很久，但还是耗费了赛珍珠很长时间。当故事展开后，赛珍珠感觉已经不是她在叙述故事，而是故事在自己推动，她只是负责记录。

只用了短短3个月时间，赛珍珠便完成了她的代表作《大地》。

但是，她内心反而没有写完第一部小说那么兴奋。对小说进行加工润色后，赛珍珠心情忐忑地将小说寄了出去。

很快，《大地》在美国出版。

不过，此时的赛珍珠还无法想象《大地》将给她带来的荣誉。

正所谓好事多磨，《大地》给赛珍珠带来的第一项"荣誉"也非常有戏剧性。

《大地》出版后不久，赛珍珠收到一封读者来信，写信者是一个虔诚的基督教徒，他对小说进行了让人难堪的批判。

很快，出版社也寄来了信件，赛珍珠得到了想象不到的消息：《大地》在美国热销。

小说《大地》以镇江、南京和宿县的农村为背景，讲述了主人公王龙从贫穷到富有、从受迫害到迫害别人的一生。

小说主人公王龙出身安徽农村，家境贫寒，为人朴实，安分守己。

故事开始是王龙的新婚，家中从黄家大院买回一个相貌丑陋的女子给他当妻子，女子名叫阿兰。

婚后，王龙和阿兰勤俭度日，省吃俭用，再加上好运气，家境逐渐好转。这时，地主黄家子女挥霍过度，准备将田产出卖，王龙在熟悉黄家的阿兰的指点下买下了几块好地。眼看好日子就将来到，谁知天降大难，连续几年的干旱让王龙的美好构想化为泡影，王龙很快便一贫如洗，被迫到大城市逃难。

来到大城市以后，王龙当了车夫，妻子、儿女和年迈的父亲沿街乞讨，勉强生存下来。赛珍珠在《大地》中这样描述此时的王龙：

整个晚上，他拉着车穿行在黑暗中。他赤身裸体，汗珠不住地往下淌，赤脚踩在石子铺成的街道上……他此刻认为每一个石子都跟他过不去，他熟知每一条车辙，走在车辙里，他或许能够少踩到一个石子，生命就能延长一点点。在黑夜中，特别是下雨的时候，街道是湿滑的……心中对脚下石子的怨恨全部爆发了。在非人的世界里，似乎总有一些石子阻碍他命运车轮的运行。

城市的富贵景象丝毫无法吸引王龙，他时刻想念着家乡的土地。

就在一家人几乎走投无路时，命运主宰了故事。

在一次民众暴动中，王龙被裹挟着来到一个大户人家抢劫。一片混乱中，阿兰幸运地捡到了藏在墙头的一包金银首饰，而王龙因为放走财主的一位家人，收到一包金子作为回报。

金子到手后，王龙一刻也呆不下了。他马上带着全家人回到家乡，回到心爱的土地上去。此后几年风调雨顺，王龙拥有的土地越来越多，他也从农民变成了地主。

有钱之后，王龙改变了。

他不再下地干活，从受人压迫的劳动者变成了雇用别人干活的人，生活奢侈、一心牟利。而且，他对从患难中一同走过的妻子阿兰也看不上了，他看中了漂亮的妓女荷花，并且把她娶回家中做了小妾。荷花仗着王龙的宠爱，家庭地位甚至超过了女主人，阿兰默默承受着王龙的背叛，最终病重死去。

在王龙从贫困到富有的过程中，他的3个儿子渐渐长大成人。随着家境的好转，王龙培养大儿子做了自己的帮手，管理家中最重要的财产——土地；二儿子被送到粮店中学习，后来成了一个生意人；小儿子选择了一条特殊的路，他出外当兵，并在父兄的帮助下成了独霸一方的军阀。

王龙毕竟是农民出身，尽管他从贫困到富有，身上的农民印记越来越淡，实际上在内心深处，他依然充满对大地的爱。小说中写道："他并不是为了有什么必要，却是感觉他这样做，从中可以得到纯粹的喜悦。当他疲倦的时候，他躺在田地上睡觉，土地的健康气息，渗进他的肉体去，便治愈了他的病。"

在他的观念中，土地是命根子，是王家兴旺发达的原因，他告诫3个儿子，无论发生什么事情，土地是不能卖的。但是在年轻的儿子们看来，土地绝没有那么重要，当病中的王龙听到儿子们商量卖地的时候，他愤怒地说："败家子呀——要卖地？谁卖地，谁家就到了末日。"

王龙死时留下遗言："我们从土地上来……我们必须回到土地上去……如果你们守得住土地，你们就能活下去，谁也不能把你们的土地抢走……千万不能卖地，一户人家卖地之日便是他们败家之时。"

《大地》以农民王龙的生活为线索，以土地为主题，讲述了中国农民的生活。小说中探讨了农民和土地的关系，当家中遭受旱灾打击，城中的投机分子想要低价购买王龙的土地时，他说："我不卖地，我绝不卖田地！"口气如此坚决，并且终其一生都未曾改变。

《大地》在美国出版后，小说中描写的异域故事迅速引起了美国读者的注意，出版当年便卖出了180万册，创下了惊人的销售纪录。让人敬佩的是，小说不仅受到普通读者欢迎，就连一向高姿态的评论家对小说也刮目相看，《星期日纽约论坛》的书评中说：

> 现在，由于《大地》的出版，她（指赛珍珠）可以算作第一流小说家了……这就是中国，以前从未有人在小说中描写中国。不过，《大地》不仅仅是中国，而且是任何一个地方人与土地的根本斗争，这种斗争在中国之所以更严重更有戏剧性，完全是因为那里的人单凭意志而斗争，没有任何机械设备的援助……

随着时间的推移，《大地》的影响力远远超出了赛珍珠当初写作该作品时的想象，美国的电影明星威尔·罗杰斯于1933年访问中国之后撰文称：

> 不消说，我们每个人只要会读书就一定读过赛珍珠写的杰作《大地》。它不仅是写一个从未写过农民的伟大作品，而且是我们这代人所写的最好作品，很少有作品写另一个民族而又被他们说写得好的……

而当时中国的国际友人斯诺夫人更是直言不讳地谈到，她就是因为读了《大地》才到中国来的。

《大地》出版的第二年，赛珍珠获得了美国最重要的长篇小说奖项——普利策奖。

1932年，赛珍珠出版了《大地》续集《儿子们》。《大地》改变了赛珍珠的命运，从这本小说开始，赛珍珠开始走向她写作的巅峰。

4. 走向荣誉的顶点：诺贝尔文学奖

1938年夏天的一天，当赛珍珠打开家中的大门时，发现门前摆满了照相机，记者们正在为争得一个好的拍摄位置而争吵。赛珍珠万分错愕，忙问身边的记者发生了什么事，记者的回答不但没有让赛珍珠清醒过来，反而更加让她困惑，因为记者说："你获得了诺贝尔文学奖。"

赛珍珠简直不相信自己听到的一切，她谦虚地对在场的记者表示："在瑞典文学院的电报抵达之前，我宁愿相信这是一桩误会，或是一个低级笑话。要不然——如果诺贝尔文学奖当真第三度落入美国人之手，则得奖人应该是德莱赛才对。"

回到房间中，赛珍珠马上向斯德哥尔摩打电话询问诺贝尔文学奖的情况，才知道这是事实。但是，她心中的疑问并没有消失，她反复地问：为什么是我？为什么是我？

1938年度的诺贝尔文学奖最终入围者有30多名候选人，这其中不乏文学巨匠，包括意大利哲学家和历史学家克罗齐、希腊诗人帕拉马斯等人。但最终，赛珍珠从这30多名候选人名单中脱颖而出，被4位瑞典文学院的院士选中。

赛珍珠获得1938年度诺贝尔文学奖的消息马上在美国文学界传开，获奖的赛珍珠得到的却不是庆祝，而是质疑。甚至直到今天，当人们翻开诺贝尔文学奖得奖人的名单时，还会问：为什么是赛珍珠？她为什么获得了诺贝尔文学奖？

总体上看，赛珍珠获奖受到质疑主要来自两种声音。一种人认为，赛珍珠写的不是经典作品，她创作的仅仅是畅销小说；另一种观点隐藏在各种评论文章中，它认为一个写作异域题材的女作家根本没有理由获奖。

在众多的质疑声中，小说家福克纳和诗人罗伯特·弗罗斯特的声音最为尖锐。福克纳愤懑地表示，他宁愿不获得诺贝尔文学奖，也不屑与赛珍珠为伍；罗伯特·弗罗斯特则说："如果她都能获得诺贝尔文学奖，那么每个人获奖都不成问题。"

确实，如果从文学成就来讲，赛珍珠无法和福克纳及弗罗斯特相提并论，但是赛珍珠的获奖也并没有违反诺贝尔设立文学奖的初衷。

诺贝尔对诺贝尔文学奖的定义是：他曾在文学园地中，产生富有理想主义的最杰出的作品。

在1938年瑞典文学院给予赛珍珠的授奖辞中特别提到了这一点：赛珍珠杰出的作品使人类的同情心越过种族的鸿沟，并在艺术上表现出人类伟大而高尚的理想。

从授奖辞中可以看出，赛珍珠的作品无论从思想还是文学成就来讲都符合诺贝尔文学奖的要求。诺贝尔文学奖，她当之无愧。

1938年11月，赛珍珠在获得瑞典方面的通知后，在丈夫和养女的陪同下到瑞典领奖。

到达斯德哥尔摩以后，赛珍珠受到热烈的欢迎。第二天晚上，赛珍珠来到颁奖典礼现场，从瑞典国王手中领取了文学家最高的荣誉——诺贝尔文学奖。当天晚上参加晚宴后，赛珍珠做了简短的接受诺贝尔奖的致答辞。

次日，赛珍珠按照惯例向瑞典皇家学院的学者们发表了演讲。在演讲中，赛珍珠第一次向西方社会系统地介绍了中国小说。这是中国小说第一次受到西方文学界的关注，对中国文学产生了深远的影响。

赛珍珠获奖时46岁，是在当时为止最年轻的诺贝尔文学奖获得者，这极大地振奋了赛珍珠的信心。随后，赛珍珠的创作进入了黄金期。

5. 《水浒传》与《四海之内皆兄弟》

在赛珍珠的一生中，除了创作中国题材的小说，她还翻译了中国古典著作，让西方人通过这些著作加深了对中国的了解。

在中国古典小说中，赛珍珠最喜欢的一本是《水浒传》。在她很小的时候，赛珍珠的奶妈便给她讲述《水浒传》的故事：武松景阳冈打虎、鲁智深倒拔垂杨柳……

这一桩桩英雄事迹在赛珍珠的心中留下了深深印记，在她取得辉煌的创作成就的同时，赛珍珠萌生了将它翻译成西方文字的想法。

翻译《水浒传》面对的第一个问题是如何翻译书名。在中国文化中，"水浒"的引申意义是强盗出没的地方。但是，如果将书名直译，则失去了引申意义。苦思无果之时，赛珍珠忽然想起孔子说的"四海之内，皆兄弟也"，仔细思考以后，赛珍珠将它作为译书的名字。《四海之内皆兄弟》，无论从表面内容还是引申意义都很符合原著，可以说妙笔生花，解决了翻译的最大问题。

此后4年，赛珍珠在翻译上投入巨大精力。为了准确地传达《水浒传》的内涵，她还聘请了一位老学者，负责为她解释书中的风俗习惯、兵器……

翻译过程中，赛珍珠请老学者大声朗读一遍，然后逐字逐句翻译出来，可谓殚精竭虑。在《水浒传》译文的序言中，赛珍珠写道：

这本中国最著名的小说《水浒传》的译本，并不试图从学术上作什么探讨，也不在解释和考证方面过多下工夫。翻译这部小说时，我根本没有任何学术上的兴趣，只是因为它生动地讲述了美妙的民间传说……我觉得中文的语言风格与该书的题材极为相称，因此我唯一要做的，就是尽己所能使译本肖似原著，因为我希望不懂中文的读者至少能产生一种幻觉，即他们感到自己是在读原本。我尽可能做到直译……保留原作的内容和写作风格，甚至对那些即使在原文读者看来也较为平淡的部分也未做任何改动……原文中的那些打油诗也照译成英文的打油诗。

为了达到序言中所说的"使译本肖似原著"，赛珍珠甚至几次前往北京收集中国古典小说的资料。功夫不负有心人，赛珍珠居然在古装本中发现了很多珍贵的插图，她将这些插图拍下来，准备将来出版图书的时候加以利用。

1933年，费时4年、耗尽心血的《四海之内皆兄弟》终于出版。全书分为上下两册，共计60多万字，1000多页。异邦好汉迅速引起了美国人的兴趣，《四海之内皆兄弟》也"杀气腾腾"地冲进畅销书排行榜。

虽然赛珍珠的译作引来大量好评，却也有人独持异议，提出不同意见的是鲁迅先生，1934年他在写给姚克的信中说："近布克夫人译《水浒传》，闻颇好，但其书名，取'皆兄弟也'之意，便不确。因为山泊中人，是并不将一切人们都作兄弟看的……"

虽然这只是鲁迅先生在私人信件中表达的看法，却迅速传播开，引起了很多关于《四海之内皆兄弟》的翻译优劣的争论。

即使到现在，还有人认为赛珍珠的《四海之内皆兄弟》是误译，但书名仍然得到了大部分学者的支持。况且，赛珍珠的译本受到西方人的普遍欢迎，为中国文学在西方的传播立下了汗马功劳。

《四海之内皆兄弟》成功出版后，赛珍珠仍然壮志未酬，因为还有一本中国古典小说的巅峰之作她未能介绍给西方人，这本小说就是中国最伟大的小说家曹雪芹写的《红楼梦》。虽然很想翻译这本著作，但赛珍珠自知难度太大，恐难胜任，迟迟未动笔。直到结识了林语堂，赛珍珠才提出合译想法。两人试译以后，最终遗憾地放弃。

未能翻译《红楼梦》成了赛珍珠的毕生憾事，后来，她解释说，《红楼梦》中有很多诗，而且这些诗是小说非常重要的一部分，中国诗歌中的对仗、押韵以及诗歌中表现出的意境根本无法完美地翻译成英文，最终只能放弃。

后来，林语堂因为无法将中国最好的小说翻译成英文而模仿《红楼梦》创作了《京华烟云》。当赛珍珠得知消息后，欣喜若狂地向丈夫理查德推荐了这部小说，并且由丈夫的出版社出版了这本小说。小说出版后轰动一时，林语堂也得到了西方文学界的认同。

中国文化抚育了赛珍珠，赛珍珠则用一生的写作和翻译回报了这份恩情。通过赛珍珠，西方社会第一次清晰地看到中国农民的生活、中国当时的现状、中国的古典文化，赛珍珠也成了中国文化在西方的发言人。

第六章　晚年的三重身份

1. 慈善大使

赛珍珠作为一个女人，有很多不同侧面：她是一个孝顺的女儿，是一个成功的作家，是一个不断寻找爱情的人。除此之外，她还是一个慈祥的母亲。

由于在生育期患病，赛珍珠在生了第一个孩子后便丧失了生育能力，而她唯一的女儿卡洛尔却是一个智障儿。

虽然卡洛尔的智商始终停留在幼儿时段，但赛珍珠并未因此减少自己的爱，在谈论自己的女儿时，赛珍珠喜欢的词语是"永远长不大的孩子"。1950年，功成名就的赛珍珠为卡洛尔写了一本书，取名《永远长不大的孩子》。

在这本书中，赛珍珠的怜女之意尽泻笔端，使很多美国人改变了对智障儿童的排斥态度。

赛珍珠同布克结婚时，希望像母亲那样生儿育女，养育几个孩子。但是很快梦便醒了，由于身体原因她再也不能生育。为了实现做大家庭母亲的想法，赛珍珠回美国领养了一个女孩儿。

1935年，赛珍珠回到美国，同理查德结婚。

婚后的生活幸福美满，理查德和赛珍珠两人互相欣赏、珍惜彼此，但是赛珍珠心中还有一个症结：她无法给理查德生孩子。在征询了理查德和养女的意见后，赛珍珠从领养机构抱回了两个可爱的男孩。次年，又领养了一男一女两个孩子。5个没有血缘关系的孩子簇拥在赛珍珠的身边，赛珍珠彻底满足于大家庭母亲的角色，每个孩子她都尽心竭力地照料着。

在收养孩子的过程中，赛珍珠发现了美国社会的丑陋现象——弃婴。这些被抛弃的婴儿多数有身体疾病，或者父母没有能力抚养。在孤儿院中，虽然能够得到照顾，但儿童的身体和心灵都备受打击。由于长时间缺少父母关爱，疗养院的孩子很多都患有忧郁症和自闭症。

面对这些不幸的儿童，赛珍珠默默地流着泪水，她尽可能地抽出时间到"儿童之家"，并且利用自己的影响力改善孩子们的生活环境。

有一年，已经年过半百的赛珍珠收到一封挂号信，寄信人是一家儿童领养机构。挂号信中说，孤儿院有一个男孩，父亲是印度人，母亲是美国人。孩子生下以后，孩子的父母便分居两国，两个年轻人都不愿为一时冲动负责任，孩子最终只能被送到孤儿院中。

此时正是圣诞节，家中洋溢着浓厚的节日气氛。赛珍珠透过窗户望向远方，城市中透出点点灯光，雪花缓慢地飘落。

忽然，她仿佛看见了男婴彷徨、恐慌的眼神。

赛珍珠飞快地来到电话机旁，给每一个认识的具有印度血统的朋友打电话，把小男孩的故事讲给每个人听，但是并没有人愿意领养小男孩。

赛珍珠知道，如果没人领养这个男孩儿，他将被送到有色人种孤儿院中，在那里，他将从幼儿时代开始便受到种族歧视，命运堪忧……

这时，一幅幅画面出现在赛珍珠的脑海中：小男孩儿在孤儿院中备受排斥，他恐慌地盯着护士手中的鞭子，长大后流落街头、死在群殴或者毒品中……

赛珍珠再也无法平静下来，她把丈夫和孩子们叫到一起，对他们讲了小男孩儿的故事，孩子们看着她，异口同声地说："把他带回来吧，如果我们不能为他找到更好的归宿，我们自己来养活他好了。"

理查德一边抽着雪茄，一边微笑地看着赛珍珠，缓缓地点头表示赞同。

几天之后，赛珍珠抱着一个小男孩儿回到家中，孩子们好奇地凑上去，有的摸摸孩子的小手，有的摸摸脸蛋儿。小男孩儿被吓住了，把头埋进赛珍珠的怀抱中。一会儿，又偷偷地把头扭过来，看到大家还围在周围，马上又害羞地钻进赛珍珠的怀中……

赛珍珠满怀喜悦地看着小男孩儿，彻夜未眠地照顾了几个晚上。

几天之后，当赛珍珠从外边办事回来，看到他坐在地板上，其他的孩子围着他正在做游戏，小男孩儿已经没有一丝惶恐的眼神，咧着小嘴开心地笑着……

看着这一幕，赛珍珠也会心地笑起来。

圣诞节刚过，赛珍珠收到一封朋友的信件，她的朋友告诉她：在他们医院中出生了一个有一半中国血统的混血儿，孩子的父亲已经离开美国，母亲是一个少女，没有能力抚育孩子。朋友委婉地问："你能否暂时照料一下这个孩子，等将来找到合适的养父母再送出去，因为这种混血儿当地只有黑人孤儿院能收养。"

赛珍珠看完信后，马上同理查德商量，理查德仍然微笑着，轻轻点头表示同意。

两个混血男孩儿在不到一个月时间先后来到赛珍珠身边，这促使赛珍珠思考一个问题：我只是偶尔遇到混血弃婴，还是在美国有很多这样的孩子？

此后，赛珍珠在理查德的帮助下着手调查此事，她发现混血弃婴在美国普遍存在。这些孩子面临的困境甚至超过了黑人孩子，黑人孩子可以进入专门的黑人孤儿院，而这些孩子哪里都不愿意收养。

当调查资料摆在赛珍珠的桌面上时，她再也无法让心情平静。她在中国生活了四十多年的经历涌上心头，她不能眼睁睁地看着这些亚洲孩子流离失所，无人照顾。

她知道，面对这么多需要照顾的孩子，光靠她和理查德的力量远远不够。于是，和丈夫商量之后，夫妇俩做了一个计划，成立一个专门收养混血儿的孤儿院，利用夫妇俩的名声尽可能地照料他们的生活，帮助弃婴们找到合适的收养人。计划制定后，赛珍珠把它宣传出去，得到了社区中所有人的赞同。

1949年，在赛珍珠和理查德的努力下，"欢迎之家"成立了。这家孤儿院主要接收被父母遗弃的混血婴儿，然后帮助他们找到合适的领养者。

"欢迎之家"成立后，赛珍珠充分发挥自己的影响力，四处演讲，为孤儿院筹来大笔善款，并且通过新闻媒体将该孤儿院推广出去，以便更多的优秀人士前来领养。

因为孤儿院孩子身份极为特殊，赛珍珠在挑选领养者时格外慎重。

有一次，一对家境殷实的夫妇来到孤儿院，想要领养一个女孩儿。他们看中了一个漂亮的日美混血儿，孩子正在熟睡，那个妇人悄悄地对丈夫说："瞧，这个女孩儿多漂亮，不过，她长大以后眼睛会不会像日本人那样翘得厉害？"她的丈夫点点头，表示有这种可能性。恰巧这句话被赛珍珠听到，她从护士手中接过女婴，气愤地拒绝了这对夫妇的领养要求，她表示，如果真想领养婴儿，就应该为婴儿身上的每个特点感到骄傲，而不是嫌弃这、嫌弃那。

赛珍珠成立的"欢迎之家"制定了严格的收养标准，保证了婴儿的未来。"欢迎之家"很快便引起了美国社会的关注，在赛珍珠的努力下，这所孤儿院帮助5000多名弃婴找到了高素质的收养者，使这里成为美国最受欢迎的孤儿院之一。

"欢迎之家"成功运行起来后，赛珍珠开始关注另一个被忽视的群体。

1964年，赛珍珠捐出自己的大部分积蓄建立了"赛珍珠基金会"，基金会的主要目的之一是引起大众对美国军人和亚洲妇女非婚生孩子的关注。

这一群体因为特殊的出身长期受到社会的歧视。因为孩子的父亲是亚洲驻军，孩子身上显著的西方相貌受到当地人的排斥，因此他们的命运通常都很悲惨。

赛珍珠在调查以后，决定为这个群体提供帮助。据统计，到1986年为止，赛珍珠基金会共为2.8万余名这个群体的孩子提供了帮助。

1991年，赛珍珠创办的两家孤儿院"欢迎之家"和"赛珍珠基金会"合并，并且扩大了慈善范围，赛珍珠的慈善梦想一步步地实现了。

2. 民权保护神

赛珍珠在中国生活了四十多年，在此期间，她受到了中国朋友的欢迎。

但是，她也时时刻刻能感受到种族之间的差异。她还清晰地记得每次听戏，戏中讲的坏人总是蓝眼睛、红头发和大鼻子，她还记得在上海时胖男人的凶恶眼神，还记得在乡间小路上一个小孩子喊她"洋鬼子"。

尽管她的汉语比英语说得还要好，尽管她更喜欢中国食物，但这一切都丝毫无法弱化她的身体印记。当然，她也无法忘记教会学校中那些女孩子谈论中国人时轻蔑的态度，无法忘记西方人在上海公园中立的牌子"中国人与狗不得入内"。

这一切，都让赛珍珠意识到种族之间的隔阂，而这种隔阂正是造成许多灾难的根源，在多数情况下，在种族旗帜的掩护下，许多犯罪甚至被事先原谅了。

1932年，赛珍珠的《大地》在美国热销，出版社邀请她回美国参加活动。

一天，她收到一封请柬，邀请她参加一个画展。赛珍珠把请柬送给理查德看，理查德不置可否。这是赛珍珠和理查德认识以来他第一次没有提出意见，这引起了赛珍珠的好奇心。于是，夜幕降临时，赛珍珠来到画展，当她看到展现在眼前的一幅幅画作时，顿时被震撼了：一双双惊恐的儿童眼睛、一座座被焚烧的房子、成年人麻木的表情……这些画挂在墙壁上，赛珍珠却仿佛感觉到它们从墙壁上飞了下来，狠狠地刺痛了她的心。赛珍珠找来画展举办者，举办者对她说，这就是美国黑人的真实生活。

这是赛珍珠第一次了解美国的种族隔离政策，从这次画展赛珍珠了解到，美国黑人就是因为种族原因失去了同白人公民一样的权利，这些权利包括：受教育权、司法权、选举权……

这也就意味着，除了生存的权利，美国黑人几乎被剥夺了所有的权利。何况，美国的黑人经常受到虐待和无辜杀害。

赛珍珠对自己看到的"美国黑人的真实生活"感到震惊。从母亲凯丽身上和4年大学生活中得到的经验，一直让赛珍珠觉得美国是尊重人权的国家，而现实让赛珍珠感到如此残酷，她久久不能平静。

当看完画展的最后一幅画后，赛珍珠站在画前，泪眼模糊地说："如果美国不能将平等贯彻到生活中去，那么有一天，美国公民也会受到白人在亚洲所受到的惩罚，被仇恨所吞噬。"

回到住所，赛珍珠把自己关在房间中，想了很长时间，最终接受了这个现实，并且暗下决心，尽一切可能改变种族歧视。

几年之后，赛珍珠回到美国定居，为了实践诺言，她定期向美国民权组织出版的杂志投稿，以实际行动声援美国民权运动。

赛珍珠的高尚举动引起了众多赞扬声，在1942年美国有色人种联合促进会举行的集会中，联合促进会的常务执行秘书瓦尔特·怀特说："现在美国只有两个白人妇女了解黑人生活的真相，一个是总统夫人埃莉诺·罗斯福，另一个就是赛珍珠。"

此后，赛珍珠一直不遗余力地通过多种渠道维护美国黑人民权。

在此期间，赛珍珠和加纳黑人学者杜波依斯始终保持着亲密的合作关系，她还和美国黑人歌手罗伯逊的妻子创作了《美国争议》——一本关于种族歧视的对话小册子。

自从了解到美国黑人的生活状况以后，赛珍珠开始关注有色人种的生活，她利用自己的身份保护有色人种。

一天，赛珍珠正在家中写一篇民权报道文章，一阵急促的电话铃声响起，赛珍珠走过去接起电话，来电话的是美国公民自由联盟，请她到洛杉矶去为一个日裔美国人辩护。

到了洛杉矶，自由联盟工作人员对赛珍珠讲了事件缘由：日本人偷袭珍珠港以后，美国掀起了反日高潮，很多日裔美国人被抓了起来，并被没收财产，法庭上的日裔美国人正是其中的一个。

赛珍珠了解了整个事件，来到法庭上，说："没收财产在美国何时变成了合法行为？在我居住的宾夕法尼亚州有很多德裔美国人，甚至在离家不到5英里远的镇子，发现了秘密纳粹同盟的中心，一个邻居因公开讲了反对希特勒的话，结果她家的牲口棚被纵火烧了，还接到威胁电话。可是，从来没有人说过要没收德裔美国人的财产，甚至没有人想到要这样做。如此歧视一方面偏袒另一方面，难道只是因为他们一个是白种人，一个是黄种人吗？这样的做法在对待两个敌国时也是不公正的。"

赛珍珠讲完话后，掌声雷动。最终，在赛珍珠和公民自由联盟的努力下，日裔美国人保住了自己的财产。

赛珍珠之所以敢于在法庭上保护日裔美国人，是因为她知道真正的罪魁祸首是那些挑起战争的人，而不是站在法庭上等待审判的平民。

自然，在所有国家中，赛珍珠最关注的还是中国人在美国的民权问题。

赛珍珠回到美国定居时，中国人正受到美国人的严重歧视。回国后，赛珍珠参加了"废除排华法公民委员会"，她积极奔走，为中国人在美国受到的不公正待遇大声疾呼。

1943年，在赛珍珠和众多美国华侨的努力下，存在六十多年的美国排华法案终于被废除。

晚年的赛珍珠从人道主义精神出发，为大众呼喊，为消除种族隔阂竭尽全力，她的事业受到当时人的推崇，也受到后来人的赞颂。

3. 为妇女维权的斗士

女性作家在赛珍珠时代，还是一个弱小的群体。所以，女性作家通常会成为女性的发言人。

虽然赛珍珠并没有把自己标榜成一个女权主义者，但她的行动却带有明显的女性作家意识。

赛珍珠的第一部作品就是为纪念母亲，凯丽不幸的家庭生活给她带来的影响持续终身。

虽然有母亲的前车之鉴，但赛珍珠的第一段婚姻还是踏进了不幸的泥沼。有一段时间，赛珍珠只能寄情文字，抒发心中的愤懑。

在和理查德相爱后，赛珍珠曾经彷徨过、犹豫过，在当时的美国社会，离婚是不被认可的方式，即使夫妻感情破裂，大多数人仍然保持着婚姻关系。

最终，赛珍珠鼓起勇气和布克离婚，同理查德结合在一起。

赛珍珠之所以有离婚的勇气，而并没有像多数夫妇那样选择维持婚姻关系，与她接受的教育密切相关。

在美国念大学的4年时间中，赛珍珠接受的是同男子一样的教育。当学生家长要求学校专门开设女子家庭技能知识时，老师表示需要接受教育的是大脑，大脑得到足够的锻炼了，什么书都能自学，而学校教育的目的就是锻炼学生的大脑。

从那时开始，赛珍珠知道，女性并不是天生比男性差，女性应该有自己独立选择的权利。

但是在现实生活中，赛珍珠看到的和学校教的完全不同。她看到很多女孩子聪明能干，却只能做丈夫的附庸。甚至在中国上层社会的大家庭中，虽然表面上是女性持家，但无论女性多么能干，最终都只能依附于自己的丈夫，这几乎是普遍的生存状态。

在赛珍珠开始创作文学作品后，她更加强烈地意识到性别的拖累，她曾经感叹说："如果我是男人，那我会很轻松地写作，因为我有妻子、秘书和家庭用人帮忙，而作为女人，我就不得不在繁重的家务中忙里偷闲来完成自己的工作。"

在赛珍珠获得诺贝尔文学奖以后，很多男性作家对此嗤之以鼻，他们认为赛珍珠根本不配获诺贝尔文学奖。实际上，在内心深处，他们在为赛珍珠的女性性别愤愤不平。

无论从生活中还是从外界对待自己的态度上，赛珍珠都强烈地感受到性别弱势，由此使赛珍珠对女性更加关注，她通过塑造女性形象展现女性的美好、坚韧、聪慧、敏感……

20世纪40年代早期，赛珍珠回到美国生活以后，发表了一系列声援妇女争取权利的文章，并于1941年结集出版，在序言中，赛珍珠表明自己的态度："男女之间没有多大的差别，即使有也绝不会比一个女人与其他女人或一个男人与其他男人之间的差别大。"

由于赛珍珠取得了辉煌的文学成就，她自身就是这段话的最好注解。与此同时，赛珍珠也保持着清醒的头脑，她也并没成为一个大女子主义者，她希望的是男女两性平等相待，她说："家庭中需要男人出更大的力气，外部世界则需要女人起更大的作用。"

赛珍珠在长期观察女性的生活后，将女性分为三种类型：一种是天才女性，她们具有敏锐的直觉，有艺术或者科学天赋，但是在传统社会中她们的天赋通常都被埋没掉了；第二种是居家型女性，这种女性天生适合家庭生活，对家庭生活感到愉快。

上述两种类型之外，是第三种类型。

第三种类型占女性群体的大多数。她们适合普通工作，也愿意享受家庭生活，但是这种类型的女性受到社会习惯的影响，通常只能在家务活中度过平淡的一生。赛珍珠呼吁社会关注这类女性，给她们充分的发挥空间，这样，才能使男女两性逐渐平等起来。

1945年和1947年，赛珍珠分别出版了与苏联和德国妇女访谈对话的文章。此时，第二次世界大战刚刚过去。赛珍珠在文章中强调：女性在世界问题上有着独特的视角，男性充满寻求刺激和表现英雄主义的欲望，而女性却可以用"爱"部分化解这种暴戾之气。

虽然在争取女权的道路上，人们记住的名字是波伏娃，赛珍珠长期被埋没，但赛珍珠的努力并没有被埋没，现代女性正在实践赛珍珠的梦想……

赛珍珠在"希望之家"的同事曾经评价赛珍珠说："她是所有

问题的发言人，新闻自由、宗教自由、贫困儿童的收养、中国的未来、妇女接受教育等是她所触及并深入的问题。如果你像我一样追踪她的足迹，你几乎可以触及美国历史上所有的大事——知识分子运动、社会运动、政治运动等等。"

赛珍珠之所以会成为各种运动的代言人，和她多重身份的背景有密切关系：她在中国度过四十多年、写作中国题材的小说、流淌着西方人的血液、在美国取得辉煌的成功……

多重身份让赛珍珠变成了一个"世界公民"，她视野开阔、胸襟博大，利用自己的身份和地位做有益于他人的工作。在晚年，赛珍珠在回忆录中说：

> 我所生存的那些世界，把我变成了一个有争议的人物，别人也常这样说我。我之所以是这样，是因为自己的天性和经历使我禁不住要去探索每一个人的另一面。好人有其坏的一面，坏人也有其好的一面。如果理解人的两面性这种能力让那些只求一面的人迷惑不解的话，那么，对我或者对像我这样的另外一些人来说，这种能力却能使人在爱和生活中得到无穷无尽的乐趣和机会。我们以全球为家，为全人类而生存，没有敌人，也不恨任何人。如果我们没有恨，就必然逃避不了爱。
>
> 只有"爱"！

这是赛珍珠的人生理想，是她为之付出一生努力的梦想。也许，这个梦想遥不可及，但她仍然不懈努力，她在社会事业中所做的一切深刻地影响了自己的时代，影响着现代女性，也必将在将来产生重要的影响。

第七章 望断归乡路，却茫茫

1. 中国走向何方？

20世纪，是中国发生大变革的世纪。

在这个世纪中，中国延续了五千多年的封建社会被推翻；中国知识分子接受了西方文化、试图建立新社会；中国同日本侵略者进行了长达8年的战争……

20世纪中国走过的历程就像是一个天才戏剧家写的一部戏剧，跌宕起伏、高潮迭起……

而对于生活在20世纪的人来说，似乎中国的未来总模糊不清，他们都在思考一个问题：中国将去向何方？

对于长期生活在中国，将中国视为第二故乡的赛珍珠来说，这也是她最关心的问题。

赛珍珠年幼时，中国还处在半封建半殖民地社会。

1910年，18岁的赛珍珠离开中国回到美国读书。而此时的中国，一场气势恢弘的革命正在酝酿中，领导者是孙中山先生。

4年之后，当赛珍珠回到中国，中国社会已经发生了翻天覆地的变化：中国的封建社会结束了，但孙中山理想中的国家并没有建立起来，中国陷入了军阀混战年代……

由于领导了辛亥革命，孙中山的名字在年轻人的心中像一盏明灯，根据报纸报道和街谈巷议，赛珍珠逐渐了解了孙中山。

孙中山少年时代上过基督教会学校，系统学习了西方知识，对西方社会有一定了解。从学校毕业后，孙中山成为一个传教士，后来树立了推翻清政府、建立像美国政府那样的共和国的梦想。

辛亥革命虽然失败了，但孙中山对青年的影响却相当深远。在学校中，赛珍珠和朋友们聊天的话题集中在革命形势的变化，青年们为法律、议会、军阀、日本帝国主义等问题争论不休，每个人都有一个关于国家的梦想……

此后，凯丽病重，赛珍珠陪着她到庐山疗养。在那里，赛珍珠结识了布克并与之结婚，后随同丈夫到华北住了3年。在这3年多时间中，赛珍珠生活在封闭的环境中，远离政治生活。

直到返回南京，赛珍珠才重新思考中国未来的道路。

1925年，革命领袖孙中山去世。

对于孙中山，赛珍珠在保持崇敬的同时，也理智地看到：虽然孙中山个人品性超群，是一个合格的革命领导者，但他长期生活在国外，对中国国情不够了解，因此无法正确地判断自己的时代。

孙中山去世后，中国将走向何方？这是每一个关心中国命运的人思考的问题。孙中山建立的国民党会领导中国走向光明的未来吗？几年之后，赛珍珠对看到的现实非常失望，她写信给自己的朋友说：

> 这段日子在中国生活最难堪的事情，莫过于到处滋生蔓延的幻灭和绝望的情绪了。有头脑的中国人对国民党日趋明显的失败感到痛心疾首，国民党仍在推行旧的军事主义的一套，横征暴敛，挥霍无度，旧的恶性又在重演！

此时的赛珍珠正生活在国民党的统治中心南京，她看到，国民党政府在蒋介石的领导下正在走向堕落。赛珍珠设想中国的未来由一个能够关注中国社会底层的党派领导，而蒋介石领导的国民党显然并不是这样的党派。

在南京，赛珍珠对代表中国未来的共产党了解甚少，而且更多的是负面消息。

赛珍珠看到，此时的中国前途迷茫。国民党一心做"山大王"，共产党力量弱小，日本人正加紧对中国的侵略……

一个偶然的机会，使赛珍珠近距离地观察到了蒋介石。

孙中山的遗体从北京迁到南京时，赛珍珠参加了隆重的迁葬仪式。

迁葬仪式在一片哀伤的氛围中结束，赛珍珠怀着失落的心情穿过大理石接待厅。这时，她看到一个人身着国民党军装，从内室中走出来。

赛珍珠微一凝神，发现眼前的人便是蒋介石。

蒋介石直视前方，穿过遗体安放厅，来到门廊下，俯视着南京城。眼中闪烁着令人畏惧的光，如同一只凶猛的老虎。

后来，赛珍珠在谈到她对蒋介石的印象时说："他不过是一介莽夫，头脑只是大兵的头脑，无论从天资或是从经验阅历上，都不能胜任一个共和国的领袖。"

1935年，赛珍珠回到美国生活，但是她始终关注着中国的命运。当她得知日本加紧对中国的侵略，而蒋介石仍然在推行他的"攘外必先安内"的政策时，她感到忧心如焚。

1938年，赛珍珠前往瑞典领取诺贝尔文学奖，途经丹麦接受采访时说："现在中国最急需的，是一个强有力的政府，这个政府能够以实际行动关心人民的疾苦，来赢得并保持人民对它的忠诚，但是我认为蒋介石政府做不到这些——他早已因无视农民而丧失了机会。"

赛珍珠的话显然得罪了国民党政府，于是，中国国民党的代表拒绝了参加诺贝尔文学奖颁奖典礼的邀请。

1943年，宋美龄来到美国寻求帮助，她在国会上进行了长达一个多小时的演讲，震惊了注重演讲才能的美国政府。

宋美龄回国后，赛珍珠受邀同罗斯福夫人共进晚餐。罗斯福夫人征询了赛珍珠的意见，赛珍珠直言不讳地说："国民党已经失去了中国民众的心，即使宋美龄、蒋介石有出色的政治才干，国民党也迟早失去对中国的统治。"

但是，赛珍珠并没有能够阻止美国对蒋介石的支持。当她得知美国对蒋介石进行军事援助时，她说："美国支持台湾是一种目光短浅的政策，中国大陆不论是不是共产主义，她仍是中国亿万人民的故乡，如果美国反对她只能使事情恶化。"

从尊重的孙中山到鄙视的蒋介石，赛珍珠仍然看不到中国的希望，但是她相信，古老的中国不会因为国民党的统治而走向穷途，它必将找到通向未来的路。

2. 抗日必胜

赛珍珠回到美国生活时，日本正在加紧对中国进行侵略。当有美国人提出"还不如让日本人来收拾中国的残局"时，赛珍珠不再保持沉默，而是愤怒地谴责了对方的说法。

几年之后，日本人开始对中国进行全面军事行动，远在美国的赛珍珠坚定地认为："中国抗日必胜！"

1941年，赛珍珠为了支持中国的抗日行动，收集资料写作了小说《龙种》，小说反映的主要是中国人民怎样英勇、机智地抗击日本人的故事。

1943年3月，赛珍珠接受美国之音的邀请，用汉语发表了支持中国人民抗日的演讲。

中国的朋友们：

这是赛珍珠从美国与各位说话。我今天说话不完全是站在一个美国人的立场，因为我也是一个中国人，我一生大半的时间，都在中国度过。我生下三个月后，就被父母带到中国去了。我开口说话的时候，又是先说的中国话。我小时候跟着父母，并没有住过什么通商大埠。数十年间，我们到的地方是浙江、江苏、江西、湖南、安徽、山东各省的小城市、小村庄，清江浦、镇江、丹阳、岳州、蚌埠、徐州府、南宿州，这些地方，是我最熟悉的。可是我最爱的，是中国的农田乡村。以后我长大了无论我住在什么地方，我与中国人民相处，都亲如同胞，因为小的时候，我的游伴是中国孩子，成人以后，来往的又是中国的女性们。现在我人虽已归故国，心却没有忘掉旧日的友朋，所以我今天要处于两种地位说话。我既在中国长大成人，又在美国住了多年，受到双方的教育，有了双方的经验。我觉得我是属于两个国家的，我可以为两个国家说话。8年前，我回美国来，美国对中国人民的观念是怎么样呢？非常的好。我一开口说到中国，他们都点头说："我们喜欢中国人。"

1937年7月，日本进攻中国，美国人完全愤恨日本，同情中国，但美国并没有积极地援助中国。这是你们知道的，有些美国人还继续与日本通商往来，甚至卖给日本种种军火原料。现在这些美国人回想起来，不免惭愧，懊恼他们未能及时了解日本军阀的野心真相。

我必须告诉你们的是，当时我见了我第二祖国——中国，单独勇猛地抵抗日本，不免窃心自喜。美国人知道当时中国并没有充足的军事准备，他们觉得与久宿野心的日本相对敌，中国是支持不久的，是必会投降的。但我以为这是不会有的事，中国绝对不会屈服于日本，因为我不能想象我们认识的那些健壮实在的农人，那些稳健的中产商人，那些勤苦的劳工以及那些奋勇热心的学界领袖会对日本屈服的。所以在言论上，在著作上，我曾大胆地发表我的自信。我说，中国人是不会投降的，日本人也不能征服他们。

起先美国人觉得除非超人，谁能永久地抵抗下去？等到他们看到中国在种种不利的情形下仍然继续抗战；又看见大队的民众，万里长征地向内地迁移；又看见你们受了飞机的轰炸，丧失了无数人命财物，你们仍没有气馁，美国人这才渐渐地认识到中华民族的伟大。

去年12月7日，日本轰炸檀香山珍珠港以后，一个个的美国人，才睡梦始醒。于是全国上下，愤怒一片，男女老少，人人只有一个思想：如果打日本，全国的民众一日之内整个地统一，日本弄得美国民众齐心地反对她，再没有比这个更厉害的了。

我在这里，如在中国一样，住在乡下，与农人为邻。因为我相信不论在哪一国，乡下人是最好的。这里乡下的小村庄、小镇市，与江苏、安徽两省的乡下不相上下，在这些镇市村庄中的工厂、机器，现在都改战斗工业。男男女女，皆日夜相继地为战用品而工作。他们每个人心里只有一个念头：我们必须打胜仗。

三个月以前，我不会相信这一切的变更是可能的事。美国人活泼，喜欢热闹、物质上的享受。今天能不发一句怨言地日夜工作，大家热心地各尽所能地来对付这战事，其实也是一件难能可贵的事。

中美是联盟国家。说起来，中美的联盟与其他联盟国家比起来似乎更近一步，因为我们两国有许多相像的地方。美国尚是新兴的国家，但是两方民众的心地、性情非常相近，若是我们言语相通，我敢说，我们来往不会有什么隔阂的，我更敢以自己的经验来说，我们的人生观念、直觉是一样的。我们都爱独立，发展个性，我们都厌恶压制、欣赏自由，所以今天美国民众以兄弟的至诚对待中国民众，也是一种自然的现象。日前，有一汽车夫对我说："我很高兴中国人在我们这一边。他们是勇敢的战士。我们也是。"举国上下，美国人讲起中国来，无不表现出热诚友爱。

　　将来战事完结，我们必是最后的胜利者。那时我们两国，一东一西，更成为世界上民主主义的两大领袖。战后与战时一样，我们要站在完全平等的地位。我们今天因战事的需要，彼此逐渐地互相合作，将来太平时，我们必须照旧继续合作下去，因为只有中美的合作，才能造就一个完全自由平等的世界。

　　在演讲中，赛珍珠热情洋溢地赞扬了中国人民抗战到底的决心，并坚定地认为中国的抗战必胜！

　　1944年，为支持中国的抗日战争，赛珍珠捐献1.5万美元给中国，并动员旅美商人捐款。随后，她又分几次筹集到巨款，将款项寄往中国，用实际行动支持中国的抗日行动。

　　抗战期间，赛珍珠在林语堂的介绍下，结识了中国的女演员王莹，并与她成为好朋友。

　　不久，赛珍珠邀请王莹担任了她组织的"东西方协会"戏剧部主任，并通过该协会促成了王莹到白宫演出中国的抗战街头剧《放下你的鞭子》等节目。

　　第二天，美国的报纸报道了这场精彩的演出，并给予很高的评价。

　　赛珍珠在演出过程中，从整体策划到报幕员，只身承担重担，并努力把节目做到尽善尽美，最终圆满成功。

　　胡适在得知节目是赛珍珠一手促成后，兴奋地说："难得，实在是难得，赛珍珠女士真够朋友！这才叫锦上添花。"

　　赛珍珠就这样通过实际行动表达着对中国抗战的支持，中国人永远也不会忘记这个友好的美国作家。

3. 中西方文化交流使者

　　赛珍珠在中国度过了自己的前半生，在美国度过了自己的后半生。这样特殊的生活经历，让赛珍珠非常重视东西方文化交流，也促使她成为东西方文化交流的使者。

　　当赛珍珠写中国题材的长篇小说《大地》在美国取得辉煌成功后，中国文坛对此展开了争论。赛珍珠也深知自己不可能像中国作家那样对中国有彻底的了解，她怀着热切的心情盼望着能有中国作家向西方社会全面地介绍中国。

　　一个偶然的机会，赛珍珠认识了林语堂，她鼓励林语堂完成写中国的书的计划，并且承诺推荐给美国的出版社。

　　当林语堂完成《吾国与吾民》，赛珍珠兴奋地阅览一遍，马上被书的内容和行文打动。她将这本书推荐给约翰·戴出版社，并为该书写了热情洋溢的序言。在序言中，赛珍珠关注中国命运，对中国文化的喜爱之情尽泻笔端，她写道：

　　　　当今中国最重要的事件之一，是中国青年知识分子正在重新认识自己的国家。几十年前，他们先辈中最进步的人士开始为自己的国家感到不安。这些人不满于当时国家的现状，他们意识到——这种意识是外界强加给他们的，中国如果一如既往地这样下去，就不能抵御来自现代化西方侵略的危险。这种侵略主要不在于政治，而在于经济、教育和军事上。这些人就是中国当今这代人的父辈，真正的革命家。他们迫使古老的封建王朝退出了历史舞台，他们用极快的速度改变了教育制度，他们用坚持不懈的热情设计了现代化的管理蓝图并将这样一个政权建立了起来。从来没有一个帝王时代的旧政府，能以这样快的速度在如此伟大的国家中，完成这么多了不起的变革。

在这种变革的气氛中，当代中国的青年知识分子成长起来了。他们的父辈吮吸、咀嚼了儒家的经典，并起来批判这些东西；而这些年轻人则受到新时代学说更加有力的冲击，他们吸收了一些科学知识，一些基督教的知识，无神论的知识，以及自由恋爱、共产主义、西方哲学、现代军事等等各种各样的知识。当他们广大的同胞仍然沉浸在对旧文化的坚定信仰之中时，这些青年知识分子受到了世界上其他各种文化中极端思想的熏陶。然而，由于中国的发展遗漏了一些重要的时期，这些青年知识分子的智力结构也不得不受影响。就好比要从坑坑洼洼的乡间小路时期一下跳到飞机时代，中间的空隙是巨大的，远非人的心力所能弥补。在这种矛盾中，人们就会感到茫然若失。

毫无疑问，这个空隙所造成的第一个结果是一些中国青年——男女皆有，但以男为主——失去了自己的国家，或者说失去了在自己国家所处时代生活的能力。他们的教育主要是在国外接受的，在此期间，他们忘记了自己民族的现实。中国的革命领袖诸公尽可以对异己分子解释说，中国的所谓落后主要是列强的政治与经济侵略，其他国家成了中国落后守旧的替罪羊。实际上，中国在以自己的方式向现代化迈进，走得的确很慢，一步一回头。不去认识这个事实，而是大叫大嚷如果不是外国人入侵，中国在物质生活上早已同列强平起平坐了，这样叫喊一番，自然是最容易不过的了。

于是，中国进行了一次新的革命。她医治了两大痼疾：治外法权和协定关税，日本问题不计在内。结果，中国仍然没有什么起色，原来的弱点依旧是弱点，这是千百年来中国人民的习惯意识。比如实践证明，一个革命领袖在取得并巩固自己的政权之后，就通常会变得像旧官僚那样保守和腐败。当然，其他国家的历史上情形也一样。中国许多城市聪明的年轻人，都没有能够观察和接受这样一个事实：外部世界与中国现状的关系并不大。如果从前中国的发展不是那样呆滞，她的领袖们不是那么盲从和自私，她本来是可以避免外部世界的不良影响的。

此后是一个绝望、疯狂、对西方理想更加崇拜的时期。西方国家的繁荣被认为是科学技术进步的结果，这是一个自卑感弥漫全国的时候。爱国青年为国家的现状感到耻辱，有的还想掩盖这种真相。在他们那里，我们看不到这个国家的真实情况。他们对西方国家既痛恨又羡慕。

如果西方继续发展下去，保持稳定和繁荣，中国人又会怎样呢？不得而知。不过，西方并没有能够持续地繁荣下去。中国人饶有兴致、有时也颇为得意地看到第一次世界大战的爆发。经济萧条，繁荣受挫，科学并没有能够拯救他们于水火。中国人于是开始对自己说，中国毕竟也不错。很明显，饥饿到处都有，土匪也到处都有，一个民族并不比另一民族强多少。如果这是事实，那么或许古代的中国也并没有什么不好。也许我们还是回头研究一下中国的哲学为好。这种哲学至少教导人们知足，享受任何可以享受的东西，哪怕很微不足道。这种哲学使人们的生活规律化，并为他们提供了一定的稳定性和安全感。最近，西方人对中国的兴趣以及某些西方人对中国模式简朴安稳的美慕和对中国艺术与哲学的钦佩，也使这些中国青年对自己充满了信心。

现在的结果只不过是在重复《圣经》里的一个格言：父亲吃了酸葡萄，儿子的牙齿被酸倒了。青年人厌倦了父辈的革命热情，要返回以前的中国去了。我们几乎是饶有兴致地看到，一些青年决心做真正的中国人，他们的自我意识是那么强烈，吃中餐、穿中式服装、照中国的习惯行事。这些已经西化了的青年人又要使自己完全中国化了。这无疑是一种时髦，装模作样，与父辈当时穿西装、用刀叉、一心去哈佛留学的时髦，性质别无二致。这些青年人一生都在穿西装、吃中餐，而且也曾去哈佛，他们的英语文学知识远远超出了本国文学。现在，他们对这些都反感，要回到自己祖先那儿去了。

这种倾向随处可见，不仅反映在穿着打扮等等习惯上，在文学和艺术中更为明显。比如，几年前中国小说的主题主要是描写现代的爱情、半西洋式的现代私情以及对父母和家庭的反抗。整个格调有些黯淡，并且不符合中国的实情。今天的文学和艺术中，这些东西仍然不少，然而健康的东西逐渐产生了，它们描写普通人在自己国土上平凡而坚毅的生活。年轻的知识分子开始重新认识自己的人民。他们发现在农村小镇、小乡村里的生活才是真正的中国人自己的生活，所幸的是还保持着自己的特点，未曾被那个曾经使他们的生活变得不健康起来的现代主义所侵蚀。他们开始为自己国家有这样一个宏伟而坚实的基础感到高兴，并急切地把它变为新的鼓舞力量。这真是新的发现，那么迷人而富有幽默感，无愧于自己的实力。总之，它是纯粹中国式的。

他们认识到这一点，是得到别人帮助的。否则，他们自己很难看得如此清楚。是西方人帮助了他们，我们西方不仅从反面帮助他们，比如让他们看到在我们的文明中也有一些漏洞；我们也从正面帮助了他们，比如让他们看到我们的自然生活倾向。西方人对无产阶级的兴趣也促使中国人思考自己的无产阶级，发现本国人民的优秀品质，保持自己生活的纯洁性，使它惊人地不受西方混乱思想的影响。很自然，这种安宁与平静对知识分子具有巨大的诱惑力，尤其是在这样一个扭曲了的时代——知识分子自己的思想一片混乱、感到茫然若失的时代。

共产主义帮助了他们。共产主义带来了阶级意识，使普通人有了发言权，可以提出自己的要求。由于中国普通人家的子女一般都有接受现代教育的机会，他们就被给予了一种阐述自己意见的可能性，尽管他们的声音还很微弱。左翼青年的文学和艺术作品表明，越来越多的人已经感觉到自己国家普通男女同胞的价值。表达的方式可能很粗糙，受外国艺术影响很深，但见解已经有了。我们有时可以在画布上看到一位农妇，而不是竹枝上的小鸟，或一个吃力的人工车夫，而不是荷花池里游弋的金鱼。

然而，如果我们西方人等待这些新的解放青年去寻找合适的语言去连贯地为我们解释中国的一切，我们就得等上很长时间，或许要等到下一代才行。然而可喜的是，中国还有另外一些了不起的人物，他们在混乱的时代并没有迷失方向。他们的幽默使他们仍能够正确地认识生活，这是多少代人用世故和学位培养出来的幽默。他们机智到足以理解自己、足以理解别人的文明。他们能够明智地选择自己民族所特有的东西。长期以来，我就希望他们中的某个人可以为我们所有人写一本有关他自己的中国的书，一本真正的书，渗透着中国人精神的书。我多少次满怀渴望，急切地打开一本本这样的著作，然而又多少次失望地把它们合上。因为其中的内容是虚假的，言过其实的，作者在狂热地为一个伟大到不需要辩护的国家辩护。那些著作是为了取悦外国人，而与中国则不配。

一本有关中国、与中国的名字相称的书，不应该有上述这些毛病。它应该坦诚相见，不自惭形秽的，因为中国人向来就是一个骄傲的民族，具有坦率与骄傲的资本。

对中国的理解需要智慧和洞察力，因为中国人在理解人类本质时就是聪明而富有洞察力的。对中国的阐述应该是富有幽默感的，因为幽默是中国人本性的一部分。深沉、圆熟、友好的幽默，甚至对生活的悲剧性的认识和认可。对中国人的阐述，语言应该是流畅的、精确的、优美的，因为中国人向来就高度评价精确与优雅之美，只有中国人才能写出这样一部著作。我已经开始怀疑中国是否有这样的人物存在。似乎还未曾看到一个用英语写作的现代中国人，他既不能脱离自己的人民到格格不入的地步，又不能不保持一定的距离以求正确地理解这个国家的含义，过去的以及现在的含义。

然而，这本书问世了，正如所有伟大的书籍终会问世一样。它满足了以上所有的这些要求，它实事求是，不为真实而羞愧。它写得骄傲，写得幽默，写得美妙；它既严肃又欢快，对古今中国都能给予正确的理解和评价。我认为这是迄今为止最真实、最深刻、最完备、最重要的一部关于中国的著作。更值得称道的是，它是由一位中国人写的，一位现代的中国人，他的根基深深地扎在过去，他丰硕的果实却结在今天。

林语堂的《吾国与吾民》在美国出版后，成为美国的畅销书，这其中自然少不了赛珍珠推荐之功。

1941年，赛珍珠为缓解东西方存在的隔膜和误解，成立了"东西方协会"，并亲自担任主席。协会在促进美国政府采取更为开明的外交政策、增加中美交流等问题上，做出了卓越的贡献。

有一次，赛珍珠询问王莹：中国目前最好的几位作家是谁？王莹谨慎地回答说："老舍可以称得上中国的狄更斯，曹禺是中国的奥尼尔。"

赛珍珠终生保持着对狄更斯作品的崇敬，自然，当她听说老舍的时候格外兴奋。因此，当美国国务院邀请中国作家到美国演讲时，赛珍珠极力推荐老舍和曹禺两人。

老舍和曹禺来到美国后，赛珍珠在家中隆重款待了他们，还邀请了美国文学界的知名作家作陪。

此后，老舍和曹禺在美国进行了关于中国文化的演讲和翻译，取得了圆满成功。

作为中西方文化使者，赛珍珠通过邀请中国文化名人向美国民众介绍中国文化，增进了双方交流，促进了双方的了解，取得了预想不到的成功。

4. 被放逐的命运

赛珍珠一生轰轰烈烈，似乎一直被朋友和荣誉包围。但是，繁华过后，又有多少人知道她内心的落寞？又有谁能够体会到她内心深处的孤独和彷徨？

从出生开始，赛珍珠的异乡人的命运就已经注定。

尽管除了肤色，赛珍珠的生活习惯、思想都和中国人一般无二，但天然的东西是无法改变的，她仍然受到中国人的排斥。另一方面，美国人却因为她在中国生活了40年之久，把她看成是中国人。

就这样，赛珍珠无奈地游走在两种文化之间，成了永远的"被放逐者"。

如果人生是可以选择的，不知道赛珍珠是否还会选择这种跌宕起伏、充满悲剧性的命运。

从襁褓中来到中国的赛珍珠，在中国生活超过了40年，将人生中最宝贵的少年时代和青年时代都交给了中国。那时候，年幼的赛珍珠在乡下看戏时，甚至会为中国人歼灭红毛鬼子而高声叫好。也许，被放逐的命运就是从那时候开始的吧。

在中国，除了无法改变的肤色之外，赛珍珠完全是一个地地道道的中国人。她操持地道的镇江方言，嘴中吃的是镇江小吃，结交的朋友是黄皮肤、黑头发的少年。

但是，即便如此又怎么样呢？命运就是喜欢同人开玩笑，天生的肤色是永远也无法改变的。在中国备受西方人欺凌的时代，赛珍珠同所有的西方人一样，必定受到时代的影响，这就是她的宿命！

在平时，赛珍珠生活在自己的小圈子中，由于熟悉，这个朋友圈子并不排斥她。但是，当这个国家的普通民众反抗异族人时，"覆巢之下，安有完卵"，赛珍珠必定受到牵连。当义和团运动席卷华夏大地时，赛珍珠一家只能踏上逃亡的道路。正是义和团运动，让赛珍珠第一次看到了身份的差异，让她第一次体会到了"被放逐者"的命运悲剧。

尽管赛珍珠还并不成熟，但敏感的心已经开始思考：为什么西方人要受到中国人这样对待？平时看到的中国人对我都这样友好，现在为什么一切都变了？

在她的一生中，她再未忘记在逃亡的道路上，赛兆祥被无知的人扔石头；赛珍珠一家胆战心惊地躲在船舱中；母亲凯丽向上海街道上一个肥胖的中国人道歉时，那个中国人恶毒的眼神。她隐约知道，她的一生从义和团运动开始时便发生了变化。只是要到很久以后她才明白，这种变化是她的宿命，义和团运动只是一个导火索。

在赛珍珠的一生中，无论曾经受到怎样的惊吓、恐吓或者侮辱，她心中始终热爱中国普通的老百姓，热爱着中国的黑土地，即便她知道，大洋彼岸的美国才是自己的祖国。

被放逐者的身份，让赛珍珠备感痛苦。

有时候，她会想：美国人并没有参与瓜分中国的行动，甚至还派了大量友好的传教士到中国进行传教活动，中国人实在不应该将美国人等同于其他西方国家严加排斥。

可是，马上，她便开始站在中国人的角度来思考这个问题：美国人是否想过，他们对中国的援助并不是中国迫切需要的，有些甚至是中国人讨厌的。中国不欢迎自以为是的传教士，中国人不欢迎美国对中国政府的支援，因为这种支援很少能落在中国普通民众手中，而只是让贪官污吏的酒桌上多了一道美味佳肴。美国甚至在抗日战争初期，向日本法西斯卖战争武器，而这些枪口对准的正是中国人。

每当想到中美复杂的关系，赛珍珠就会陷入这种自相矛盾、痛苦的悖论中，最终只能痛苦地摇摇头，寄希望于未来，希望将来这两个国家能和平相处。

赛珍珠对中国的爱可谓铭心刻骨。走进美国赛珍珠的家中，首先踏上的便是产于中国的地毯，向前方看，宽大的中式写字台和太师椅放在最醒目的位置，书桌上摆放着写有中国故事的《大地》。在书桌两边的墙上，悬挂着对赛珍珠终生起到教导意义的孔夫子的画像。而壁橱中则摆放着产自中国的象牙、雕刻和竹制品。即便是一个中国人走进这样的房间，也不会认为自己走进的是西方人的家庭。

可以说，赛珍珠和中国是割不断的联系，因为她的亲人就下葬在中国的大地上。中国传统的月圆之夜，赛珍珠有时会趴在窗台上，遥望东方。千里之外的一座小山上，有两个她曾经视为生命的亲人，一个是她早夭的小弟弟，另一个是她的精神支柱凯丽；而在另一座大山中，则埋葬着她很久以后才彻底了解的人：父亲赛兆祥。他们都静静地躺在中国大地上，而赛珍珠却只能在遥远的西方想象他们的坟墓。

后来，赛珍珠和来自中国的演员王莹成了好朋友，在王莹即将回中国的时候，赛珍珠泪流满面地托付她：请你到我父母的坟头去帮我上坟，因为今生不知何时才能回到中国。

是啊！赛珍珠多想回到这片眷恋的大地上看看，哪怕只是很短的时间。

但是，这个世上不如意事十有七八，更何况赛珍珠回到美国后，中美两国的关系持续僵化，以至于赛珍珠同时受到双方的敌视。

赛珍珠的文学素材来源于中国，却在西方声名远播。在《大地》成为美国的畅销书后，马上出现了七八种中文译本。于是，赛珍珠异乡人的身份开始受到中西方作家的双重抨击。

当时的中国作家对赛珍珠的小说拒绝接纳，他们声称："赛珍珠只是凭着有限的生活经验，加上丰富的想象力，渗入了浓厚的民族自尊心，才写出了这些看了使人发笑的书。"而美国文化圈更是从未彻底接受赛珍珠，因为美国的主流文学界被男性和民族主义所把持着。可以说，作为异乡人的赛珍珠始终游离在中美两国主流文学界之外。即便在她获得诺贝尔文学奖之后，美国文坛也从未将她的作品看成是代表了一个时代的经典之作。

人，是群体动物。在社会生活中，每个人都试图进入某一个"圈子"，以便更好地为自己找到合适的社会位置。但是，在人群中总有一种人，她们因为身份或者自我选择，总是处在任何圈子之外，而这种人通常都会受到各种打击。

赛珍珠一生是"爱"的一生，她热爱遥远的东方国家、东方文化，热爱自己的祖国，热爱祖国的人民。但是，所有的一切，在她双重身份的背景下，都被抹杀了。

而在遥远的中国，在她挚爱终生的大地上，她在生前遭受的待遇同样让人唏嘘不已。在《大地》等作品翻译成中文以后，赛珍珠的作品受到鲁迅先生的嘲讽。

鲁迅在1933年11月15日写给姚克的私人信件中说："先生要写小说，我极赞成，中国的事情，总是中国人做来，才可以见真相，即如布克夫人（即赛珍珠），上海曾大欢迎，她亦自谓中国如祖国，然而看她的作品，毕竟是一位生在中国的美国女教士的立场而已，所以她称许《寄庐》，也无足怪，因为她所觉得的，还不过一点浮面的形象，只有我们做起来，方能留一个真相。"

虽然只是在信件中提到，但是鉴于鲁迅先生在中国文学界的影响力，他的评价在一段时间内几乎成了对赛珍珠作品的定评，使文艺界始终怀着轻慢的心理看待她的作品。

尽管此后鲁迅先生曾经改变过自己的看法，但是却绝无第一次看法那样产生深远的影响，这或许同赛珍珠与生俱来的异乡人的身份一样，是一种无奈的宿命吧。

1972年，长期处于对抗状态的中美政府逐渐恢复外交正常化。

已年届80高龄的赛珍珠听到消息，兴奋地流下了热泪，因为她在长久的等待之后，终于看到了重返中国、重返镇江的机会。

当赛珍珠得知尼克松总统将到中国进行国事访问时，她借助自己的影响力，先后几次向中国领导发出电报，在电报中，赛珍珠殷勤地恳求中国能发给她一张入境签证。不仅如此，她还为此事特地向尼克松总统提出申请。

同时，为了表达自己对中国的友好态度，赛珍珠还通过撰写文章和主持电视节目表明自己的立场。在她写下的关于中国的文章中，虽然对社会主义仍然持有怀疑态度，但笔调都相当友好，这些文章后来结集为《中国的过去和现状》。在书中，赛珍珠收入了一张毛泽东长征时期的照片，她评价这张照片说："这张脸是那样英俊、大胆、自信、勇敢——是的，而且诚实。眼睛直视前方，嘴敏感而又镇定……人们可以信赖这张脸，这张脸属于一位情感丰富而又坚定自信的人。在我见过的数千张毛泽东的照片中，这是我最喜欢的一张。"

随后，年老体衰的赛珍珠接受了美国国家广播电视公司的邀请，主持了"重新看中国"电视节目。该节目在美国播出后，引起了收看热潮，赛珍珠开始积极地为重返中国做准备。

但是，不久之后，赛珍珠便接到一个晴天霹雳般的消息：她的签证申请遭到拒绝。

风烛残年，也许支撑着这个脆弱身体的唯一支柱便是叶落归根的希望。当请求遭到拒绝后，伤心的赛珍珠再也无法让生命充盈。

她孤独的背影定格在1973年。这一年，赛珍珠81岁，距离最后一次离开中国整整31年。

不知赛珍珠死时，是否会在心中独自感慨：别了，我热爱的大地！

5. 迟到的褒奖

在人类的历史上，有很多伟大的艺术家终生不被理解，过着精神与肉体双重折磨的生活，但是正像艺术评论家所说：苦难是艺术的源泉，这些伟大的艺术家在苦难和孤独中造就了人类最辉煌的艺术，这些伟大的艺术家有荷尔德林、梵高、海子……

赛珍珠的情况和以上的艺术家虽然不尽相同，但命运却何其相似。

由于中美两国敌对状态的延续，以及赛珍珠翻译的作品早期在中国得到的评价，使赛珍珠的作品始终不被中国文坛认可。

直到多年以后，当中国人重新发掘这位国际友人的作品时，才公正地在她的作品中看到闪光点，许多文学工作者开始重新看待赛珍珠在中国的历史定位，他们几乎异口同声地宣称：作为写作中国题材的西方作家，赛珍珠毋庸置疑是伟大的。

只有这时，人们才抹去长久以来的有色眼镜，重新审视赛珍珠的《大地》，才发现赛珍珠写的就是原原本本的中国。

1991年，赛珍珠的作品在中国的命运发生了转折。在镇江召开的赛珍珠诞辰100周年的"赛珍珠文学创作讨论会"上，国内的知名作家、文学理论家对赛珍珠的文学成就进行了全面、系统的评价，部分评价内容如下：

> 她所写的并不比我们最好的作品差，但比我们最好的作家写得多得多。这是一件大好事。……如果并不是写得尽善尽美，那又有什么奇怪呢？可是她确实写了那么多、那么丰富、那么形象、那么生动，而且对茫茫神州有那么深厚的感情，又怎么能不给予较高的评价呢？全面地看来，她是成功地写出了中华民国的那个时期的生活面貌。
>
> ——徐迟《纪念赛珍珠》

> 因为赛珍珠生活在中国几十年，对中国非常有感情，写了不少好的作品。《大地》这本书确实对中美文化交流起了很大的推动作用，很多美国人是通过看这部小说才对中国产生了兴趣……从纯文学角度看，我也同意这部小说属于通俗小说，按照西方标准也好，按现在所谓纯文学要求也好，《大地》还不能算是很高层次的作品，但不能因此忽视它，因为，要历史地看，唯物地看，把这部小说放在历史背景中看。20世纪50年代，特别是在麦卡锡政策时期，她在当时的外界压力下说了一些错话，但我不同意就把这个人一棒子打死。
>
> ——中国社会科学院外国文学研究所
>
> 《大地》译者王逢振

我看了《大地》，觉得说它是"史诗"并不过分，因为它不仅反映安徽农村，实际上浓缩了中国农民的斗争史，涵盖面很广。我与南大中文系的同志研究，在三四十年代，以这么大篇幅写我们中国农民题材的作品，我们中国作家还没有。

——南京大学外文系教授刘海平

是金子终究是要发光的，虽然赛珍珠得到中国文学界的承认稍晚了一点，因为赛珍珠去世已经快20年了。

异乡人终究已经逝去，她孤独的背影在历史深处显得那么凄凉，这也许就是赛珍珠的命运——永远被放逐的大地之女。

附录

赛珍珠生平

　　赛珍珠，1892年6月26日，出生于美国的西弗吉尼亚州。她的父亲是一位在华传教士，取中国名赛兆祥，母亲凯丽是虔诚的宗教信徒。

　　4个月大时，赛兆祥在美国休假完毕，带着襁褓中的赛珍珠来到中国，开始了在中国四十多年的生活。

　　在中国，童年的赛珍珠过着颠沛流离的生活，她曾经短期生活在古运河边，后来移居传教士住宅。童年时代的赛珍珠第一次经历了战乱——中国人针对西方人的义和团运动，在动荡不安的生活环境中，赛珍珠成熟得格外早，并开始意识到她和中国人的不同，由此开始了她一生寻找故乡的悲剧命运。

　　在镇江长期定居时期，赛兆祥为赛珍珠请来家庭教师孔先生，孔先生有深厚的中国古典文化修养。在孔先生的教导下，赛珍珠接受了系统的中国古典文化教育，并喜欢上中国的小说，阅读和理解中国小说对赛珍珠的未来产生了重要的影响。

　　孔先生去世后，赛珍珠在崇实女子中学学习一年。这一年时间，赛珍珠在学识上虽然并没有进步，但是她接触到了各种人物，使她对"人"加深了理解，这也有利于她将来的创作。

　　1910年，正当中国将要迎来翻天覆地的变化时，18岁的赛珍珠绕道欧洲回到美国就读于伦道夫·梅康女子学院，接受美国的大学教育。

双重文化背景培养了赛珍珠多角度看待问题的方式，并促使她后来成为中西方文化交流的使者。

毕业后，赛珍珠原本想留在美国，但母亲凯丽病重，她只能再次回到中国。

重新回到中国的赛珍珠一边教书，一边照顾母亲凯丽。

在庐山，正值适婚年龄的赛珍珠结识了农学家布克，虽然赛兆祥和凯丽反对这桩婚事，但赛珍珠最终理性地选择了布克，开始了自己的第一段痛苦的婚姻。

婚后，赛珍珠和布克来到华北做调查研究。

经过一段时间的磨合，赛珍珠开始体会到没有共同志趣的婚姻的桎梏。

不过，失之东隅，收之桑榆。

虽然在婚姻生活中赛珍珠并不幸福，但在华北的生活却为她写作中国农民题材的长篇小说《大地》提供了素材。

赛珍珠第一次拿起笔写作是在母亲凯丽病逝后，她想将母亲的形象保存下来，作品完成后，赛珍珠把它藏在一处秘密所在，直到很多年后才修改出版。

此后，心中的写作梦想、不幸福的婚姻生活、艰苦的生活条件促使赛珍珠开始写作。让赛珍珠备感意外的是，她在写作中体会到前所未有的快乐和充实。

1930年，赛珍珠经过艰苦努力，终于完成自己的第一部长篇小说《东风·西风》。1931年，赛珍珠出版了她的长篇小说代表作《大地》，在美国引起轰动，迅即成为畅销书，并赢得评论界的一致好评，《星期日纽约论坛》的书评中写道："现在，由于《大地》的出版，她（指赛珍珠）可以算作第一流的小说家了……"

《大地》的成功远远超出赛珍珠的想象，它甚至成功地引起了西方人了解中国的冲动。海伦·斯诺夫人就在她的传记中说：我是读了赛珍珠的《大地》以后才到中国来的。

即便《大地》获得了广泛欢迎，赛珍珠也并未意识到，因为她的成功才刚刚开始。

此后，赛珍珠在从事文学创作的同时翻译了中国著名古典小说《水浒传》，起英文名为《四海之内皆兄弟》。

1932年，赛珍珠的《大地》获得美国最重要的文学奖项普利策奖。

1935年，时年43岁的赛珍珠离开中国，回到美国同出版公司经理理查德结婚，此后定居美国，只在中国抗日战争期间短暂返回过中国。

但是，中国生活的印记已经深深地刻在赛珍珠的身上：她喜欢吃中国菜、喜欢穿中国的丝绸甚至书桌上方摆放的也是中国圣人孔子的画像。即便后半生一直生活在美国，赛珍珠也无时无刻不怀念着中国，并继续用作品描述中国的一切。

1938年，对赛珍珠的文学生涯来说是重要的一年。她从三十多位竞争者中脱颖而出，获得该年度的诺贝尔文学奖，成为美国历史上第一位获得此奖项的女性作家，同时也是到当时为止最年轻的诺贝尔文学奖获得者。

她在诺贝尔文学奖致答辞中动情地说："假如我不按我自己完全非正式的方式提到中国人民，我就不是真正的我了。中国人民的生活多年来也就是我的生活，确实，他们的生活始终是我生活的一部分。"

1938年的诺贝尔文学奖，将赛珍珠的声望和文学成就推向了巅峰。

在赛珍珠的后半生，她不仅保持着旺盛的创作力，还成为了中西方文化交流使者和慈善大使。

她主办的《亚洲》杂志刊登了中国当代最负盛名的作家鲁迅、茅盾等人的作品；她创办了"东西方协会"，加强中西方文化交流；1946年，当老舍等作家来到美国做访问学者时，赛珍珠帮助老舍的作品在美国出版发行……

她创办的慈善机构"欢迎之家"、"赛珍珠基金会"帮助身体或智力上有问题的孩子、亚裔美国婴儿等寻找合适的领养家庭，让他们摆脱了被遗弃的命运……

这就是赛珍珠一生"异乡人"命运的写照，她始终痛苦地寻找着自己心灵的故乡。

1972年，中美外交关系恢复正常，赛珍珠看到了重访中国的希望，激动万分。她接受美国国家广播公司的邀请，主持了"重新看中国"节目。

1973年3月6日，赛珍珠结束了轰轰烈烈的一生，死后葬于宾夕法尼亚州费城郊区的绿丘农庄。

获奖辞

我无法表达出我对刚才所说的话和给予我奖金所感受到的全部感激之情。我代表我个人领奖，确信自己是接受了远远超过我在我的书中所能给予的东西。我只是希望，我今后要写的几本书将在某种程度上比我今晚的感谢更有价值。确实，我只能按照我认为是颁发这一奖励本来所遵循的精神来领奖——比起已经做过的事，这项奖励更看重未来。我想，今后我不论写什么，只要想起今天，总会获益匪浅，深受鼓舞。

我也是为我的国家美利坚合众国领奖。我们是依然年轻的人民，我们知道，我们还没有充分发挥我们的力量。这一奖赏授予一名美国人，这不只是奖励一个人，更是鼓舞了全体美国作家，他们深为如此慷慨的赞誉而振奋、鼓舞。我还应该高兴地说，这一奖赏授予一名妇女在我的国家是很重要的。你们已经表彰过你们自己的塞尔玛·拉格洛夫，早就表彰过其他领域里的妇女，或许不能完全理解，一名妇女此刻站在这里，在许多国家里意味着什么。但是我不仅仅是代表妇女和作家发言，而是代表所有的美国人，因为我们大家都分享着这一荣誉。

假如我不按自己完全非正式的方式也提到中国人民，我就不是真正的我了。中国人民的生活多年来也就是我的生活。确实，他们的生活始终是我的生活的一部分。我自己的国家和中国这个养育我的国家，在许多方面有相同的见解，首先是在共同热爱自由这方面相同。今天比以前更是如此，这是真的，现在全体中国人民正在从事最伟大的斗争——争取自由的斗争。当我看到中国空前地团结起来反对威胁其自由的敌人时，我感到从没有像现在这样钦佩中国。就凭着这种争取自由的决心——在某种意义上是天性的基本美德，我知道中国是不可征服的。自由——这在今天比以往更为宝贵的人类财富。我们——瑞典和美国——我们有自由。我的国家很年轻，但是他怀有一种特殊的友谊向你们致敬，向国土古老而自由的瑞典人民致敬。

获奖时代背景

在诺贝尔文学奖的评奖历史中，伴随着获奖作家的功成名就的，还有各种各样的质疑声。

诺贝尔文学奖，最初只被西方人关注、只关注西方作家。后来，逐渐成为世界性文学奖项。但是，如此重要的文学奖却漏掉了许多声名显赫、甚至改变了人类对写作认识的作家，这些作家包括被称为现代小说三大开山鼻祖之一的卡夫卡、"作家中的作家"博尔赫斯、大脑构造异常复杂精致的卡尔维诺、代表着中国近代文学最高成就的鲁迅……

正如一些作家所说：诺贝尔文学奖只是瑞典学院十几位院士的选择，他们的评奖也是有局限性的。正因如此，在诺贝尔文学奖获奖者的名单中，就不乏受到评审团青睐，却备受文学界质疑的获奖人，赛珍珠就是其中一位。

在赛珍珠获得诺贝尔文学奖的1938年，被提名竞逐该奖项的作家多达30多位，在这些人中，不乏当时已经成就卓越的作家，如：希腊诗人帕拉马斯、意大利历史学家和哲学家克罗齐、英国小说家A.赫胥黎，除此之外，这份名单中还包括将在未来获得该奖项的德国的海赛、丹麦的延森和芬兰的西伦佩。

上述几位作家或者年少成名，或者著作等身，或者开辟了人类对写作新的认识。当把赛珍珠的名字放在这份榜单中，恰如一颗星光黯淡的星球，并不会在夜晚闪烁耀眼的光辉，她也并不显得格外突出。

1938年诺贝尔文学奖名单出炉时，处在众多文坛名将中的赛珍珠并不被外界看好，在新闻媒体和文学家作的预判中，有人认为希腊诗人帕拉马斯最有胜算，有人预测最终的夺魁者将在德国的海赛、意大利历史学家和哲学家克罗齐之间产生。不过，最终的评选结果让新闻媒体和专业作家大跌眼镜。

进行几轮投票后，赛珍珠的名字意外地留在最后几个竞逐者中。即便此时，赛珍珠也并未受到外界过多的关注。专业人士仍然把目光集中在几位公认将要获奖的作家身上。

最后一轮投票结束后，赛珍珠出人意料地被四位瑞典文学院的院士提名，最终获得该年度的诺贝尔文学奖。

一年一度的诺贝尔文学奖是文学界的盛宴，它在文学界的影响力并不小于奥斯卡奖之于电影界。

当赛珍珠获奖的消息传出时，文学界和新闻界一片哗然，质疑声此起彼伏。

在诺贝尔文学奖获奖作家中，绝大多数作家的作品都曲高和寡，只适合知识分子阅读。即便以哲学家身份获奖的罗素，也因其简练、高超的叙述风格而备受推崇。

但是，赛珍珠的情况却不同。赛珍珠一生中写作了大量文学作品，不过她的作品只是符合大众口味的畅销书，这让许多作家和新闻机构感到费解：诺贝尔文学奖为什么会把文学奖颁发给赛珍珠？

伟大的作家基本都有自己看待世界的方式，但是无论如何，作为人类，他们也并不缺乏对名利的渴望。在他们的一生中，"用自己的笔描述世界"和"被世界承认"有时显得同样重要。所以，当他们认为的不配获得诺贝尔文学奖的赛珍珠获得奖项时，可想而知他们的愤懑。

当时的美国文坛，公认的小说艺术大师威廉·福克纳尖锐地批评说：我宁愿不得诺贝尔文学奖，也不屑同赛珍珠为伍。而诗人罗伯特·弗罗斯特则公开说：如果她都能获得诺贝尔文学奖，那么每个人得奖都不成问题。

以上两位文学家的批评直言不讳。此外，虽然新闻界保持着温和的态度，但基本态度却同他们保持一致。

然而，并不是所有的批评声音都缘于看不起赛珍珠的文学成就。众多的批评声中，还包含着一个隐秘的意见：赛珍珠是一位女性作家，而且她多半时间生活在遥远的中国。

"女性作家"，这个名词本身就带有对女性作家的蔑视。即便在女性权利获得尊重的近现代社会，真正能进入西方文学界一流作家行列的女性也并不多见，而赛珍珠的获奖，对于男性作家占据显赫位置的美国文坛来说，就是一种羞辱。

更何况，这位忽然闯入美国主流文坛的女性作家写作的还是异国题材，是美国作家根本无法理解的中国农民的生活。这位女性作家只在美国生活了短短几年时间，获奖时她甚至并不在美国生活。

从文学史角度来看，赛珍珠并没有像海明威、福克纳等伟大的美国作家一样，明显地改善了写作。但是，这并不等于说赛珍珠获奖不应该获奖。实际上，当我们重新阅读诺贝尔对文学奖的要求时，我们就会发现：赛珍珠是一位符合奖项要求的获奖者。

在诺贝尔的遗愿中，他要求文学奖应该赠给这样一些文学家：

他曾经在文学园地中，产生富有理想主义的最杰出的作品。

而在1938年的诺贝尔文学奖授奖辞中，评审团给赛珍珠的作品评价如下：今年的奖金授给赛珍珠是由于她的著名作品为人类的同情铺路，这种同情跨越了远远分开的种族边界；还由于她对人类理想的研究，这些研究体现了伟大和生动的写作技巧，瑞典文学院感到这是与艾尔弗雷德·诺贝尔憧憬未来的目标和谐一致的。

既然赛珍珠的作品符合诺贝尔的遗愿，赛珍珠获奖便实至名归了。

1938年，时年46岁的赛珍珠获得了诺贝尔文学奖，她也成为了当时最年轻的诺贝尔文学奖获得者，她的作品也必将传诸后世。

在赛珍珠的后半生中，除了担任着东西方文化交流使者，还积极地从事慈善事业。她将自己的大部分财产，约合700万美元捐献出来，投入到儿童福利事业中，她成立了"欢迎之家"和"赛珍珠基金会"，帮助那些身体或者智力上有缺陷的儿童，以及受到种族歧视的孩子。

多重身份让赛珍珠的一生始终闪烁着光辉，当她已经远离我们的时候，她的作品却还回响着美妙的声音。

这就是赛珍珠！一个真实、传奇、孤独的女人，让我们一步步走近她的世界，了解她不平凡的一生……

赛珍珠年表

1892年　出生

6月26日，赛珍珠出生于美利坚合众国西弗吉尼亚州。取名珀尔康福特赛登斯曲克。她的父亲是传教士，为了传教的方便，取中文名赛兆祥，母亲凯丽。

10月，襁褓中的赛珍珠随父母来到中国清江府（今江苏淮阴）。父亲赛兆祥从事基督教长老会的传教工作，母亲在家中照顾孩子。

1894年　2岁

随父母迁居中国镇江，在古运河边的一座临江二层楼上短暂居住后，迁居润州山一座三层传教士住宅。赛珍珠的童年在镇江度过，所以，在一定意义上，镇江算是赛珍珠的故乡。

1899年　7岁

胞弟克莱德夭折，安葬在镇江西郊云台山麓牛皮坡西方公墓。克莱德是凯丽最钟爱的孩子，他的死给这个家庭造成了深远的影响。赛珍珠第一次经历亲人的离世，她幼小的心灵还无法理解死亡的意义，但是弟弟死之后家庭中沉重的氛围还是对她造成了一定影响。

1900年　8岁

中国发生义和团运动，赛兆祥一家受到运动影响，先到上海避难，后返回美国度假。赛珍珠第一次回到母亲口中的故乡，从此，她"无家可归"的命运逐渐清晰。

1902年　10岁

重返镇江，开始从教于孔先生，接受中国古典文化教育，为将来的写作和翻译打下了牢固的基础。

1905年　13岁

孔先生因病去世。凯丽为了将来考虑，将赛珍珠送到上海崇实女子中学学习西方文化，但是，赛珍珠在这里却显得格格不入，精神和肉体都备受折磨。

1910年　18岁

赛兆祥获得一年假期。凯丽为了开拓赛珍珠的视野，绕道欧洲回国。一路上，赛珍珠经过中国的北京、广袤的俄罗斯……

到达欧洲后，赛兆祥将赛珍珠送到瑞士的一所学校。短短几个月时间，赛珍珠不仅学习了法语，而且饱览湖光山色。

9月份，赛兆祥一家到达美国，赛珍珠进入弗吉尼亚州林奇堡市伦道夫·梅康女子学院学习，专业是心理学。在学校的4年时间中，赛珍珠逐渐融入了美国文化，并且开始显露写作才华，在一次全校进行的有奖征文活动中，获得了小说和诗歌的两项第一。通过这次活动，赛珍珠增强了写作信心，更加坚定了当作家的梦想。

1914年　22岁

以优异的成绩毕业，顺利留校任教，教授心理学。

下半年，原本平静的生活被一封家信打破，远在中国的凯丽病重，赛珍珠决定重返中国。

11月，离开中国4年的赛珍珠回到镇江，一边照顾病中的凯丽，一边到学校教书。

1917年　25岁

赛珍珠和农学家布克结为夫妇，这是赛珍珠的第一段婚姻，是理性选择的婚姻，但夫妇双方不同的个性、生活习惯为不幸的婚姻埋下了伏笔。

结婚后，赛珍珠随同布克到安徽宿县做农业研究工作，自己在宿县教会学校任教。

1919年　27岁

赛珍珠和布克离开宿县，来到南京，在大学任教。赛珍珠在南京生下一个女儿，而后患上产后并发症，回到美国医治，最终失去了生育能力。

1921年　29岁

10月，凯丽卧床几年之后病故，赛珍珠将她安葬在镇江牛皮坡西方公墓，这里也安葬着凯丽最喜欢的小儿子。悲痛万分的赛珍珠为了让自己的子女了解自己的母亲，开始创作传记《异邦客》。

凯丽死后，赛兆祥在赛珍珠的劝说下来到南京定居，在这段时间中，赛珍珠逐渐了解了赛兆祥高尚的精神世界，为将来创作赛兆祥的传记《战斗的天使》做好了准备。

1923年　31岁

赛珍珠写了散文《也谈中国》，美国《大西洋月刊》进行连载。与此同时，赛珍珠写作中国题材的小说和散文开始在美国杂志和报刊上发表。赛珍珠终于开始实现自己的作家梦想，并且酝酿写作长篇小说。

1925年　33岁

同布克回美国休假、读书，完成毕业论文《论西方对中国生活与文明的影响》，顺利获得文学硕士学位。

1926年　34岁

赛珍珠创作的第一部长篇小说《东风·西风》在《亚洲》杂志上发表，小说获得成功后，赛珍珠酝酿写作反映中国农民生活的长篇小说《大地》。

夏天，赛珍珠带着领养的女婴回到中国，在国立东南大学外文系任兼职教师。

1927年　35岁

中国战火重燃，赛珍珠平生第二次踏上逃亡之旅，先是来到上海，后到日本长崎避难。

1928年　36岁

中国战事告一段落，赛珍珠冒着危险回到南京，在国立中央大学担任英文教师。《大地》的构思越来越清晰，并且得到了签约出版社的支持。

1929年　37岁

赛珍珠用三个月时间创作了代表作长篇小说《大地》。《大地》完成时，赛珍珠怀着忐忑的心情把书寄给赛兆祥，但赛兆祥礼貌地拒绝阅读。

1931年　39岁

3月，在父亲那里受到冷遇的《大地》在美国出版，迅即掀起了阅读狂潮，小说刚一出版，迅速登上畅销书榜单，并长期占据此位置。《大地》不仅为赛珍珠赢得了普通读者的欢迎，也受到评论界的好评，赛珍珠成为"第一流小说家"。

8月，赛兆祥在庐山度假时去世，中国南方正发洪灾，赛珍珠无法及时赶到父亲身边。最后，赛兆祥被安葬在庐山牯岭。

赛兆祥过世后，赛珍珠回忆父母的文章《怀念》在美国发表。

1932年　40岁

回到美国度假一年。在此期间，赛珍珠由于卓越的文学成就获得了美国最重要的小说奖——普利策文学奖。

在美国期间，赛珍珠撰文批评教会的文章引起轩然大波，教会群起而攻，赛珍珠辞去教会职务。

1933年　41岁

年初，绕道欧洲回到中国。

出版短篇小说集《发妻和其他的故事》，获得评论界好评，随后发表的《自传随笔》也取得不错的销售成绩，赛珍珠逐渐成为美国最受欢迎的小说家之一。

赛珍珠把中国古典小说《水浒传》译成英文，她把小说的名字翻译为《四海之内皆兄弟》。小说的译名受到鲁迅的批评，引起了广泛的争议。

1934年　42岁

赛珍珠同农学家丈夫布克正式分居，赛珍珠的"理性婚姻"宣告失败。

同年，出版长篇小说《母亲》，这部小说仍然获得极高评价。

1935年　43岁

离开生活了40多年的中国，回到美国同约翰·戴公司的主编，同时也是赛珍珠的伯乐理查德结婚，婚后定居美国。

婚后的赛珍珠喜事连连，长篇小说《大地》获威廉·狄恩·霍威尔斯文学勋章，这是赛珍珠凭借《大地》获得的第二个重要的文学奖项。

1936年　44岁

赛珍珠由于杰出的文学成就，被选为美国文艺学院院士。

断断续续创作了很多年的以赛兆祥和凯丽为原型的传记《异邦客》和《战斗的天使》出版，迅速成为畅销书。

1938年　46岁

11月，赛珍珠从众多竞争者中脱颖而出，获得诺贝尔文学奖。消息传来，赛珍珠备感错愕。美国评论界和文学家对赛珍珠获奖褒贬不一。福克纳更是直言：我宁愿不得诺贝尔文学奖，也不屑与赛珍珠为伍。但一些评论家认为赛珍珠的写作虽然并没有到达经典作家的高度，但也完全符合诺贝尔奖的评选规则。

在诺贝尔文学奖的致答词中，赛珍珠郑重地向西方介绍了中国小说的成就，并给予中国小说极高评价。

获得诺贝尔文学奖同年，赛珍珠出版长篇小说《一颗高傲的心》。

1939年　47岁

赛珍珠在这一年出版了长篇小说《爱国者》、剧本《光明飞到中国》和散文集《中国的小说》。

1940年　48岁

因为赛珍珠获得的杰出的文学成就，西弗吉尼亚大学授予赛珍珠文学博士学位。

同年出版儿童读物《儿童故事集》。

1941年　49岁

赛珍珠出任《亚洲》杂志助理编辑、编辑。

创办"东西方协会",协会的主要目的是促进中西方文化的交流。因为赛珍珠有长期在中国生活的经验,她被选为协会主席。

即使如此繁忙,赛珍珠还是出版了新的著作:长篇小说集《另一个神:一个美国的传说》、短篇小说集《今天和永远:中国短篇小说集》以及散文集《男女之间》和《中国儿童的另一条路》。

174

1942年　50岁

第二次世界大战进入最激烈的时期,3月份,赛珍珠应英国BBC电台邀请,向中国介绍美国人民如何理解中国人民的抗日运动,在演讲中,赛珍珠用的是汉语。

演讲之后不久,赛珍珠冒险来到中国搜集创作素材。回到美国后,开始宣传中国人民的抗战。

7月,赛珍珠在纽约召开记者招待会,向新闻界隆重介绍中国的电影艺术家王莹。

随后,因为杰出的文学成就,赛珍珠又获得劳伦斯大学和华盛顿市霍华德学院文学博士学位。

同一年,赛珍珠还出版了长篇小说《中国天空》和《龙种》,儿童读物《中国儿童的邻居》和散文集《美国统一与亚洲》。

1943年　51岁

为了声援中国抗日,赛珍珠在7月份邀请中美作家、学者来到她家中聚会,讨论中美政治关系。会后,赛珍珠发起了声势浩大的宣传。

为了扩大宣传的影响力,赛珍珠主持了美国政府为王莹举行的关于中国抗战歌曲和街头剧《放下你的鞭子》的演出。

同年出版的作品有：儿童读物《水牛蛙儿》、长篇小说《希望》和散文集《美国对我的意义》。

1944年　52岁

中国抗战7周年，赛珍珠成立的"东西方协会"将美国九个州长等名人支持中国抗战的信函送往重庆。

写作、出版关于抗战的剧本《孙逸仙》、《中国到美国》等作品。

1945年　53岁

由于年事渐高，再加上还要从事慈善活动，赛珍珠辞去"东西方协会"主席一职，但是赛珍珠在协会中的影响力依然巨大。

同年，赛珍珠出版了长篇小说《中国的旅程》、《市民》、《结婚照》，同时还出版了剧本《准备占领世界么？》、《发妻》，散文集《告诉人民：与詹姆士谈群众教育运动》，儿童读物《余南：中国的飞行儿童》。

除了自己创作大量作品，赛珍珠还根据自己的兴趣专长编辑出版了《中国的黑与白：现代中国艺术木刻选刊》。

1946年　54岁

深感琐事缠身无法写出佳作的赛珍珠毅然辞去《亚洲》杂志编辑职位，专心创作长篇小说《群芳亭》。

赛珍珠的努力收到成效，《群芳亭》出版后，受到很高的评价。

1947年　55岁

赛珍珠在这一年中出版了长篇小说《愤怒的妻子》、《远与近：日本、中国和美国小说集》，短篇小说集《四面八方》和政论集《这是如何发生的：与阿纳·冯·普斯陶谈1914—1933年的德国人民》。

1948年　56岁

赛珍珠的儿童读物《巨浪》获得美国儿童研究协会奖。

1949年　57岁

赛珍珠在不到一个月时间内收养了两个具有亚裔血统的美国婴儿，这件事促使赛珍珠创办孤儿院"欢迎之家"。"欢迎之家"最重要的目的是帮助那些具有亚洲血统的美国弃婴，孤儿院受到美国人的关注，后来成为联合国备案的慈善机构。

中华人民共和国成立，赛珍珠在遥远的大洋彼岸为新中国的建立备感欢欣。

赛珍珠在这一年出版的书包括：长篇小说《亲友们》、《漫长的爱情》等。

1950年　58岁

赛珍珠获得"宾夕法尼亚州的杰出女儿"称号，以表彰她在文学创作和社会慈善事业中做出的贡献。

赛珍珠出版了长篇小说《上帝的子民》，为智障女儿写的书《永远长不大的孩子》也于同年出版。

1951年　59岁

由于赛珍珠在消除种族隔膜中贡献了重要力量，她被犹太人慈善联盟授予"重要妇女"称号。

同时，从赛珍珠发表第一篇小说到1951年，取得了辉煌的文学成就。于是在这一年，赛珍珠入选美国文艺学会，并开始担任美国作家协会主席一职。

1953年　61岁

虽然已年过花甲，但赛珍珠仍然保持着旺盛的创作精力，这一年，赛珍珠出版了长篇小说《家声》、《来吧，亲爱的》，并且还出版了关于中国革命先驱孙中山先生的儿童读物《改变了中国的人：孙逸仙的故事》。

1954年　62岁

赛珍珠继续收获荣誉，她获得了宾夕法尼亚州费城女子医学院古典文学博士学位。

同时，继续创作文学作品。她出版了自传《我的几个世界》以及儿童读物《约翰·杰克和他的开端》。

1955年　63岁

前一年出版的自传《我的几个世界》获得广泛好评，获得美国基督教联合会和犹太教兄弟会文学奖。

除了获得文学奖外，赛珍珠还出版了儿童读物《山毛榉树》。

1956年　64岁

鉴于赛珍珠长期从事解决种族问题和慈善问题，并获得巨大成功，美国犹太人国际组织授予她优秀妇女奖。

1957年　65岁

这一年，赛珍珠出版了长篇小说《北京来信》，此书是公认为赛珍珠作品中最具有自传色彩的代表作品之一。

1958年　66岁

赛珍珠获得残疾人董事会授予的功勋奖，以表彰她在社会活动中做出的杰出贡献。

随后，出版散文集《友谊之路》。

1959年　67岁

赛珍珠在参加社会活动的同时，仍然保持旺盛的创作力，出版了长篇小说《命定时刻》。

1960年　68岁

赛珍珠的艺术成就获得所读大学的承认，伦道夫·梅康女子学院授予她杰出艺术奖。

赛珍珠的丈夫理查德病逝。

这一年，赛珍珠出版了儿童读物《圣诞节的鬼魂》、散文集《学习的愉悦》和短篇小说集《银色的蝴蝶》。

1961年　69岁

赛珍珠出版短篇小说集《十四篇短篇故事》。

1962年　70岁

赛珍珠获得威斯利人类杰出奖和兄弟协会奖。并出版短篇小说集《心儿回家及其他故事》，传记作品《为了达到彼岸的桥梁》，剧本《巨浪》、《荒漠插曲》。

1963年　71岁

赛珍珠获得西弗吉尼亚州贝森大学古典文学博士学位。

同年出版长篇小说《生活牧歌》和《生长着的芦苇》。

1964年　72岁

由于赛珍珠在社会活动中和文学上获得的杰出成就，赛珍珠获得人类特殊贡献奖。

在这一年，赛珍珠创办了"赛珍珠基金会"，基金会的主要目的是帮助那些美国军人与亚洲妇女非婚生的孩子。

同年出版儿童读物《欢迎孩子》和散文集《孩子的快乐》。

1965年　73岁

赛珍珠出版长篇小说《死在城堡中》，散文集《他们带来的礼物：我们对于心灵衰竭所欠下的债务》，儿童读物《巨大的战斗》和剧本《向导》。

1966年　74岁

赛珍珠获得宾夕法尼亚州林堡学院和费城哈里曼医学院颁发的古典文学博士学位。

同年出版传记作品《我母亲的家庭及其他》、散文集《日本的人民》、《为了广阔的天空：旅游对话》和儿童读物《小狐狸在中间》。

1967年　75岁

为了更好地推动"赛珍珠基金会"的工作，赛珍珠捐出自己的大部分资产，约700万美元。赛珍珠为慈善事业做出的努力，赢得了慈善同仁的广泛赞誉。

同年出版长篇小说《时当正午》，散文集《给我女儿的爱》和儿童读物《马克·洛克和约翰》。

1968年　76岁

赛珍珠出版长篇小说《新年》和散文集《中国的人民》。

1969年　77岁

赛珍珠获得新泽西州罗特格尔斯大学文学博士学位。

同年出版长篇小说《梁太太的三个女儿》，短篇小说集《丰功伟绩》和散文集《新的种子与其他亚洲历代故事集》。

1970年　78岁

赛珍珠出版长篇小说《佛坛》，散文集《我所见到的中国》。

1971年　79岁

赛珍珠出版散文集《圣经故事》和儿童读物《中国讲故事的人》、《送给孩子们的礼物》。

1972年　80岁

美国和中国的政治关系发生改变，时任总统尼克松宣布访华，年迈体衰的赛珍珠终于看到重回中国的希望，于是同意主持美国国家广播公司做的专题节目"重新看中国"，并积极做重返中国的准备，但最终因为种种原因未能成功，赛珍珠一生中最后一次重返中国的努力幻灭，赛珍珠受到沉重的精神打击。

同年出版长篇小说《女神的等待》，散文集《中国的过去和现状》、《公社书记》、《东方的烹调书籍》和《曾经有一个圣诞节》。

1973年　81岁

3月6日，用整个作家生涯描述中国，积极向西方宣传中国的赛珍珠去世，死后安葬在宾夕法尼亚州费城郊区的绿丘农庄。赛珍珠一生最热爱农村生活，死后也葬在农村，她命运坎坷的一生终于平静下来。

同年，赛珍珠的遗作《全在天底下》、《斯特灵夫人的问题》出版。

此后，在1974年—1979年间，在赛珍珠的养女和朋友的努力下，他们整理、出版了赛珍珠的遗作长篇小说《东方与西方》、《被改变的妇女及其他故事》、《霓虹》、《心灵的秘密》，短篇小说集《基督教故事》和唯一的诗集《爱的语言》。

获奖当年世界大事记

(1938年)

中国出版了中国近现代文学史上最伟大的作家鲁迅的《鲁迅全集》。

沈从文出版了长篇小说《长河》。

中华全国文艺界抗敌协会成立。它是全国规模的文艺界抗日民族统一战线组织，包括了除汉奸以外的各派文学家、艺术家。

3月13日，奥地利并入德国。

4月6日，中国取得台儿庄大捷。

7月24日，中国抗日战争的武汉会战拉开帷幕。

9月29日—30日，慕尼黑会议召开：张伯伦、达拉第、希特勒和墨索里尼签订瓜分捷克斯洛伐克的慕尼黑协定。

10月1日，德国并吞捷克斯洛伐克领土苏台德区。

10月2日，波兰并吞切申。

10月22日，美国物理学家卡尔森发明静电复印术。

11月2日，匈牙利并吞斯洛伐克领土。

11月9日，种族屠杀之夜：纳粹分子捣毁犹太人商店和一千三百多座犹太教堂。